少年班三十年

Special Class for the Gifted Young, USTC

From 1978 to 2008

辛厚文 主编

中国科学技术大学出版社

方毅（原国务院副总理）题词

世上无难事

只要肯登攀

书赠科大少年班创办十周年

一九八七·秋 方毅

严济慈院士（原全国人大常委会副委员长、中国科大校长）题词

你们是初升的太阳

希望寄托在你们身上

赠

中国科学技术大学少年班同学

严济慈 一九七八年四月廿九日

于合肥 稻香楼

严济慈院士（原全国人大常委会副委员长、中国科大校长）题词

十载少年喜成长
百科高峰待攀登

祝贺
中国科技大学少年班创办十周年暨
第七期少年班同学毕业

严济慈 题

一九八八年三月

两院院士宋健（时任国务委员、国家科委主任）题词

少年强则国强

与中国科技大学少年班同学共勉

宋健 一九八八年二月十日

诺贝尔物理学奖获得者李政道教授题词

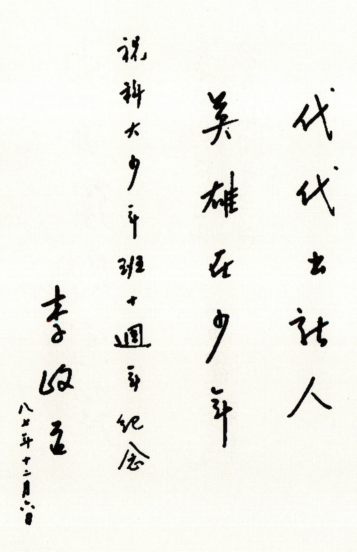

代代出新人
英雄出少年

祝科大少年班十周年纪念

李政道
八七年十二月

诺贝尔物理学奖获得者李政道教授题词

人才代出
创作多少年
桃李天下
教育数科大

李政道
一九八三年
七月廿七日

诺贝尔物理学奖获得者杨振宁教授题词

学無止境

楊振宁

著名物理学家吴健雄教授（美国物理学会首位女性主席）、袁家骝教授题词

我们今天和科大少年班同学们座谈,给了我们很深刻的良好印象。敬祝前程无限。

吴健雄
袁家骝
一九八二年六月十三日

中国科大名誉校长周光召院士（原中国科学院院长、中国科协主席，第九届全国人大常委会副委员长）题词

关爱少年
培育英才

周光召
二〇〇八年一月

全国人大常委会副委员长、中国科学院院长、两院院士路甬祥题词

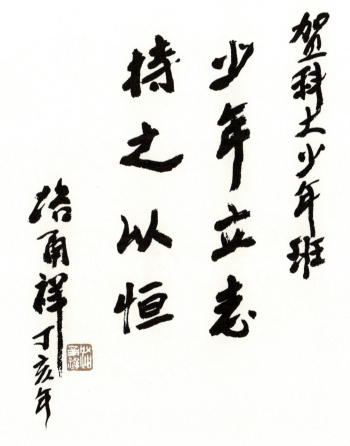

中国科学院常务副院长白春礼院士题词

博学笃志
格物明德

白春礼
二〇〇八年元月

杨海波教授（原中国科大党委书记）题词

谷超豪院士（时任中国科大校长）题词

千里之行
始于足下

谷超豪

中国科学院党组成员、中国科大党委书记郭传杰教授题词

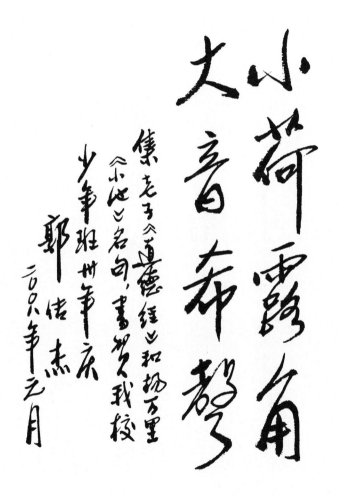

中国科大校长朱清时院士题词

江山又有才人出
已领风骚数十年
祝贺少年班创建卅周年
朱清时

少年班三十年

Special Class for the Gifted Young, USTC

From 1978 to 2008

图书在版编目(CIP)数据

少年班三十年／辛厚文主编． — 合肥：中国科学技术大学出版社，2008.3
 ISBN 978-7-312-02008-7

I. 少… II. 辛… III. 少年班（大学）－教育－经验－中国 IV．G763

中国版本图书馆CIP数据核字（2008）第028314号

责任编辑	高哲峰
出版发行	中国科学技术大学出版社
地　　址	安徽省合肥市金寨路96号
邮政编码	230026
电　　话	0551-3602900
传　　真	0551-3606196
书籍设计	敬人设计工作室
印　　刷	北京雅昌彩色印刷有限公司
开　　本	787mm×1092mm　1/16
印　　张	12.5
字　　数	180千
版　　次	2008年3月第1版
印　　次	2008年3月第1次印刷
定　　价	58.00元

编委会

顾问	主编	副主编
郭传杰 朱清时	辛厚文	尹鸿钧 陈 卿

编委会成员（按拼音排序）

陈宏芳　程福臻　程稼夫　蒋家平　孔　燕　刘　斌
马文淦　秦裕芳　史济怀　宋光天　向守平　肖臣国
许锡文　杨义英　叶国华　张鹏飞　赵保华　朱　滨
朱栋培　朱　源

少年班的建立和思考
——祝贺《少年班三十年》出版并代序

李政道

少年班建立30年了。为了庆贺它建立30周年，中国科学技术大学准备编辑出版《少年班三十年》一书。由于少年班的建立和我有密切的关系，学校要我为本书的出版作序。记得在2005年12月我曾写过一篇文章《少年班的建立和思考》。我想就用它来做本书的序言。

借此机会，很想表达我对少年班的衷心祝愿，希望少年班在未来的年月里能获得新的成功，希望少年班的同学们能和大学的其他同学互相学习、互相促进、出色地完成自己的学业，成长为建设祖国有用的栋梁人才。

这里，我谨预祝本书出版成功。

兹将《少年班的建立和思考》全文录下：

1978年3月，中国科学技术大学在国内率先建立了少年班。从那时起到今天，已经有27个年头了。期间，对于少年班总是议论纷纭，毁誉不一，褒贬参半。究竟少年班应该不应该建立，建立后的效果是好是坏，现在应该怎样对待少年班等等，的确都是应该探讨的问题，我也愿意对这些问题发表一点看法。可是，为什么我要来探讨这些问题呢？其中原委，大家可能还不太了解。其实原因很简单，因为中国在大学里建立少年班这件事，在很大程度上和我1974年的一项培养人才的建议有直接的关系。

1974年5月，我和夫人惠䇹第二次回国访问，我们深刻地看到"文化大革命"给祖国带来了全面的危机，而其中最大的危机是人才培养几乎完全停

止了。那时，除去芭蕾舞和乒乓球极少数领域外，人才的培养几乎完全中断。我们觉得这种状况必须立即改正，否则后果不堪设想。可是要改变这种状况，必须说服中国的最高层领导，关键是能取得毛泽东主席的首肯，否则谁能改变"四人帮"的政策呢。在上海，我们参观了复旦大学和芭蕾舞学校，到北京之后，我就写了一份关于培养基础科学人才的建议书，通过周恩来总理上报毛主席。我的建议，主要是针对培养基础科研人才的。我建议，在中国要培养一支"少而精的基础科学工作队伍"。鉴于当时的政治情势，我的建议不得不先从基础科学人才的培养入手，又不得不从少年人才入手。为了使我的建议能够较容易地被接受，我提出是否可以参考招收和培训芭蕾舞演员的办法，从全国选拔很少数，约十三四岁左右的、有培养条件的少年，到大学去培训。可以看出，我的建议的实际目的是要打破不重视培养基础科学人才以及其他各类人才的状况，使全国各类人才的培养步入正轨。

在周总理接见我的时候，"四人帮"全都在场，我说，为什么芭蕾舞演员可以从小的时候培养起，基础科学人才就不行？难道基础科学人才比不上芭蕾舞人才吗？周总理同意我的建议，可是江青他们就不同意，让谢静宜出来发言反对。虽然参加接见的国内各方面的领导和科学家都赞成我的建议，可是他们慑于"四人帮"的淫威，不敢说话。

接见时的气氛很紧张，因为我的建议好比在太岁头上动土，抓到老虎的尾巴上去了。后来，毛主席接见我，表示同意我的建议，这样才平息了"四人帮"的反对，开始实行我的建议。国家领导把我的建议交给中国科技大学去实施。从1974年5月我提出建议，到1978年3月中国科技大学少年班建立，花费了四年时间。那时毛主席、周总理已经过世，"四人帮"也已经垮台，在邓小平和方毅等国家领导人的大力支持下，事情才有了实质性的进展，可见当时做事情有多艰难。

1978年3月，中国科学技术大学成立了第一个少年大学生集中培养基地，也就是所谓的"少年班"。少年班的成立，是一种教学改革的实验，是作为一种新事物来对待的。在当时人才培养几乎断档的形势下，它的出现无疑会对正规的高等教育的恢复和发展产生很强的推动。当时，我从美国写了几句话表示祝贺：

人才代出，

创作当少年；

桃李天下，

教育数科大。

中国科技大学少年班首期招生21人，平均年龄14岁，最小年龄11岁。1985年，中国科技大学在总结少年班成功经验的基础上，针对高考成绩优异的学生，又开办了"教学改革试点班"（简称试点

班，或零零班）。至今，共招收学生1993人，毕业1556人；其中少年班招收1134人，毕业942人；零零班招收859人，毕业614人。这些数字显示，少年班和零零班优势互补，相得益彰，成为一个和谐的整体，为国家培养了大批优秀人才。据统计，80%以上的学生考取了国内外的研究生，并获得了博士或硕士学位，有许多人成为高科技领域的拔尖人才，成为各种奖项的得主，是国家建设的重要人才。实践说明，少年班和零零班的举办是成功的，他给中国高等教育增加了一个亮点。现在，除中国科技大学外，已经有许多大学也在举办少年班。作为高等教育的一条路子，少年班的存在和发展是值得庆贺的，对此我感到十分欣慰。

但是，应该看到，少年班的建立，是国家在一个特殊的历史时期，为改变当时严重忽视人才教育状况而采取的一种办法。这也是我当年建议的初衷。实践证明，少年班在当时的确起到了推动国家人才培养的历史作用。当然，在现在教育制度已经恢复健康的时代，我们不能把少年班说成是高等教育的最好或必须的途径，更不应该把"少年"和天才宣传强调到不恰当的地步，去贬低一般的大学生，贬低正规的高等教育。不可否认，少年班举办以来，曾经发生过一些问题，甚或现在还存在着某些问题，可是那不是少年班的主流，不应该因噎废食。

前言

本书是在中国科学技术大学党委书记郭传杰教授、校长朱清时院士的指导下，由《少年班三十年》编委会全体成员共同努力而完成的。编写本书是中国科学技术大学总结50年办"精品大学、英才教育"的历史经验的重要组成部分，是对50周年校庆的一份献礼。

本书共六章，包括三方面的内容：第一部分主要是第一章内容，简述少年班创办的历史以及在少年班的影响下，逐步发展起来的超常教育的各种形式。从中我们可以感受到，为适应社会发展的多方面的需求，我国教育事业已呈现出大众教育与英才教育有机结合、相辅相成的发展趋势。第二部分包括第二、第三和第四章的内容，分别从少年班招生、教育和管理三个方面，系统地总结少年班的办学经验。从这里我们不但可以较具体地了解如何根据智力超常少年的特点，本着因材施教的原则，在少年班所进行的各项改革，而且也有助于对中国科学技术大学50年来坚持"精品大学、英才教育"办学理念的理解，对于探索我国具有创新型杰出人才的培养途径而言，尽管这些经验还很不完善，但却是30年教育实践的积累，是宝贵财富。第三部分包括第五和第六章的内容，分别从人才培养和教育规律探索两个方面，总结少年班的办学成果，从这部分内

容，可以看出创办少年班时所提出的早出人才、出高质量人才，同时探索培养杰出人才教育规律的目标，得到了初步实现，这不但是中国科学技术大学的办学成果，也是改革开放以来，我国教育事业发展中所取得的可喜的成绩。

本书编写过程中，得到多方面的关怀和帮助，尤其是李政道教授专为此书题写书名并撰写序言，在此一并表示衷心的感谢。

钱念孙教授对书稿进行了润饰，同样表示衷心的感谢。

限于编委会成员的水平和资料收集的困难，虽然我们尽了力，但显然没能充分反映少年班30年所走过的艰难而辉煌的历程，在此我们深感歉意。恳请多多指正。

辛厚文
2007.12.25 合肥
中国科学技术大学

目次

i 少年班的建立和思考
　　——祝贺《少年班三十年》出版并代序 李政道
v 前言 辛厚文

1 //// 18　**第一章 少年班创办与发展**
1　1 少年班的创办过程
4　2 创办少年班的客观依据
11　3 少年班与超常教育的发展

19 //// 30　**第二章 少年班招生**
19　1 学校完全独立自主的考核与录取
20　2 全国初试和学校复试相结合的招生体制
27　3 零零班学生的选拔
29　4 复试的素质测试

31 //// 56　**第三章 少年班教育**
31　1 打好科学基本功
34　2 注重能力培养
50　3 智力和非智力因素协调发展

57 // 72 第四章 少年班管理
　　57　1　少年班群体的特点
　　59　2　少年班管理体制
　　61　3　建立完善班主任制度
　　65　4　综合测评与量化管理
　　66　5　少年班与零零班统一管理
　　70　6　少年班的激励机制

73 // 86 第五章 人才培养成果
　　73　1　毕业生90%以上考取了国内外研究生
　　75　2　培养了一批年轻的教授，在科技事业上做出了重要的贡献
　　78　3　数百人进入世界500强企业，并发挥重要作用
　　80　4　学成回国者越来越多
　　82　5　相关统计数据

87 // 94 第六章 回顾与展望
　　87　1　创办少年班的历史意义
　　88　2　少年班教育模式的现实意义
　　90　3　探索科技精英培养模式
　　91　4　少年班需要宽容的环境
　　92　5　少年班未来展望

　　　　　图片
95 // 169　95　辉煌历程
　　　　125　少年风华
　　　　157　校友风采

创寰宇学府，育天下英才　中国科学技术大学
University of Science and Technology of China
From 1958 to 2008

第一章 少年班创办与发展

少年班的创办，是我国教育史上的一项重大创举，对我国教育事业的发展产生了深远的影响。本章简要介绍创办少年班思想的提出、少年班的创办过程、创办少年班的科学依据，以及在少年班的影响下我国超常教育（或英才教育）的形成和发展的概况。

1 少年班的创办过程

1974年5月，著名物理学家、诺贝尔物理学奖获得者李政道教授写了一份"关于培养基础科学人才"的建议书[1]，通过周恩来总理上报毛泽东主席。李先生在建议书中提出，中国要培养一支"少而精的基础科学工作队伍"，"理科人才也可以像文艺、体育那样从小培养"。随后毛泽东单独会见了李先生[2]，他的建议得到毛泽东和周恩来的赞同。为什么要提出这一建议？李政道教授后来谈到其依据时说："在国际上，理论物理方面的人才，一般都在二十多岁时出成果，几乎没有例外。"[3]

由于当时历史条件的限制，李政道教授的这一建议当时没有、也不可能立即得到实施。但这一建议本身渗透了他对新中国建设的使命感和长期从事科学研究的学术智慧，并因其得到毛泽东、周恩来的赞赏和肯定，因而带给中国教育界和学术界的启示和影响，是非常深刻的。

1976年，"文革"这场浩劫终于结束，百废待兴，举国思进，各条战线对人才的渴求十分迫切。1977年10月，江西冶金学院教师倪霖写信给当时的方毅

---

[1] 参见李政道先生文章《少年班的建立和思考》，《科学时报》，2006年11月23日。
[2] 《大科学家文丛——李政道文录》，浙江文艺出版社，1999年，第14—16页。
[3] 转引自司有和、张依斌、朱源：《理科超常少年特殊培养的初步探索》，《少年班研究》第1期，中国科学技术大学印。

副总理，推荐13岁的智力超常少年宁铂。11月3日，方毅对此信作出批示："请科技大学去了解一下，如属实，应破格收入大学学习。"[1] 国家副主席王震在报道宁铂的材料上写道："我坚信有智力非凡的出众人才。"[2] 与此同时，党中央、中国科学院、中国科大不断收到全国各地推荐少年英才、早慧儿童的信件。信件大多来自教师、学生家长、班主任和国家机关工作人员，洋溢着对人才的无限珍爱和对祖国建设的深切关注。

在这种情况下，中国科学技术大学提出了创办少年班的设想。这一设想很快得到中国科学院的批准。中国科大果断决定：选派十多位经验丰富、精明强干的教师，前往上海、江苏、江西、福建、湖南、湖北以及东北等地，在当地教育部门的大力协助下，对被推荐者进行考核、观察、分析，最后，21名智力超常少年被中国科大破格录取。

1978年3月8日，少年班正式创办，并举行了第一期开学典礼。李政道教授提出、毛泽东和周恩来生前所赞同的"理科人才也可以从小培养"的思想，终于变成现实了。

少年班开学典礼之后的第10天，全国科学大会召开。邓小平同志在开幕式上做了重要讲话，指出"在人才的问题上，要特别强调一下，必须打破常规去发现、选拔和培养杰出的人才"。[3] 大会闭幕时，时任中国科学院院长、中国科大校长的郭沫若发表《科学的春天》的书面演说，由著名播音员虹云当场朗读，会场响起一阵阵春潮般的掌声。可以说，中国科大少年班正是在"科学的春天"里萌芽，并迅速茁壮成长起来的。长期以来，世界上许多发达国家都很关注早

[1] 转引自司有和：《从中国科技大学少年班看理科超常少年的发现和早期培养》，《少年班研究》第1期，中国科学技术大学印。
[2] 转引自司有和：《从中国科技大学少年班看理科超常少年的发现和早期培养》，《少年班研究》第1期，中国科学技术大学印。
[3] 邓小平：《在全国科学大会开幕式上的讲话》（1978年3月18日），《邓小平文选》第二卷，第95、96页。

慧少年的培养，并在培养模式上有所探索。但像中国科大这样，批量选拔智力超常少年，专门设立少年班，把他们集中在一起进行系统、严格的大学教育，却并无先例。因此，时任国务院副总理的方毅说："少年班是科大在全国的独创，是中国特产，新生事物。"[1]

少年班创办后，中国科大收到许多热情洋溢的信件。这些信件充分表达人民群众对于少年班创办的高度评价和支持。写信的有小学生、中学生，有工人、农民，有干部、教师、解放军。他们在信中说："少年班的创办是党中央英明领导下出现的新事物"，"是对'四人帮'反动路线的批判"；"从少年班我们看到了整个中华民族科学文化事业的希望"；"我是一位从事教育工作25年以上的中学教师，对于大学办少年班，为培养超常少年提供良好的条件，我由衷地拥护，振双臂赞呼。当我读到《光明日报》刊登中国科技大学创办少年班的消息时，更是感到高兴，激情满怀，为我国教育事业的这一重大创举而欢呼"[2]；"我们教育工作者、少年儿童及其家长，都希望科大少年班办下去，要为社会主义中国争气！这不应光是科大的'试验田'，而应当成为教育部的'试验田'"[3]；"愿科大少年班这一新生事物在新时期及未来的21世纪大放异彩！"[4]

---

[1]《方毅同志、严济慈校长和少年班师生座谈时的讲话》(1980年6月11日)，《少年班研究》第1期，中国科学技术大学印。
[2] 段书辰：《致中国科大负责同志》(1983年12月26日)。
[3] 程景初：《致少年班》(1983年7月28日)。
[4] 寇广生：《致杨海波》(1979年11月17日)。

2　创办少年班的客观依据

少年班的创办是对传统教育思想的突破，不但在社会上产生广泛而深刻的影响，而且也引起了不同认识的争论。有人认为，这些少年既然成绩优秀，智力超常，按部就班读完高中肯定会考上大学，没必要专门为他们开办少年班。也有人认为把这些智力超常少年集中起来，形成一个特殊群体，脱离大多数学生，不利于其全面成长。更有人认为，少年班是"拔苗助长"，是"违背教育规律"等等。诚然，对少年班存在不同的看法，是完全正常的。然而，大量事实表明，少年班的创办适应了社会发展的战略需求，符合杰出人才的成长规律，这不是少数人不切实际的玄想，而是有着充分的客观依据的。

社会发展的战略需求

尖端人才培养是当今举世瞩目的大课题。在风起云涌的教育改革浪潮中，发达国家无不把培养高级人才作为教育竞争的制高点，即所谓"专家群是推动社会前进的神经元"。1990年3月21日，《人民日报》一篇题为《个别化教学受到许多国家重视》的报道指出："二次大战后，各国都十分重视智力超常青少年的教育，苏美尤为突出。苏联在1958年的教育改革方案中，特别提出并肯定了'英才教育'的必要性。60年代起专门设立'特科学校'，对数、理、化、艺术和外语方面有天分的青少年，施以特殊优越的教学和训练。美国国会1973年通过一项《天才教育法》，决定进一步为天才教育提供物力、人力和法律保证。"

中华民族是勤劳、勇敢、聪慧的民族，在漫长的历史长河中，曾为人类科学文化的发展做出过重大贡献，涌现了许多杰出人才。在我国社会主义现代化建设的今天，更需要大量杰出人才。万里曾指出："我们的时代需要许多才华横溢的人才，为了发展社会主义现代化事业，不仅需要马克思这样的伟人，也需要牛顿、爱迪生、爱因斯坦以及各个学术领域里的伟人，需要这些伟人的综合"[1]。邓小平也说："我们国家，国力的强弱，经济发展后劲的大小，越来越取决于劳动者的素质，取决于知识分子的数量和质量"。[2] 江泽民1995年在全国科学技术大会上指出："创新是一个民族进步的灵魂，是国家兴旺发达的不竭动力"。[3] 他在1998年院士大会上发表"创新的关键在人才"的讲话，指出"科学技术的发展，社会各项事业的进步，都要靠不断创新，而创新就要靠人才，特别要靠年轻英才不断涌现出来"[4]。21世纪的竞争就是人才的竞争。知识经济时代，一个国家在竞争中能否占据制高点，很大程度上取决于是否拥有具有原始创新并引领科技发展方向的人才。

2006年，我国发布了《国家中长期科学和技术发展纲要（2006-2020）》，中共中央总书记胡锦涛在全国科技大会上也提出提高自主创新能力、建设创新型国家的伟大战略任务。党和国家对人才强国战略的重视达到了前所未有的高度。2006年7-11月，国务院总理温家宝在中南海先后主持召开四次教育工作座谈会。在这样一次座谈会上，温家宝谈了一年前他和钱学森的一次交谈，他说："我理解，钱老说的杰出人才，绝不是一般人才，而是大师级人才。学生在增多，学校规模也在扩大，但是如何培养更多的杰出人才？这是我非常焦虑的一个问题。"[5] 胡锦涛在2007年全国优秀教师代表座谈会上发表讲话，指出要"注重培育学生的主动精神，鼓励学生的创造性思维，引导学生在发掘兴趣和潜能的基础上全面发展，努力培养适应社会主义现代化建设需要、具有创新精神和实

---

[1] 万里：《在全国教育工作会议上的讲话》，《中共中央关于教育体制改革的决定》，安徽人民出版社，1985年，第30页。

[2] 邓小平：《把教育工作认真抓起来》（1985年5月19日），《邓小平文选》第三卷，人民出版社，1993年，第120-121页。

[3] 江泽民：《实施科教兴国战略》（1995年5月19日），《江泽民文选》第一卷，人民出版社，2006年，第425-439页。

[4] 江泽民：《创新的关键在人才》（1998年6月1日），《江泽民文选》第二卷，人民出版社，2006年，第132-138页。

[5]《高等教育要提高质量办出特色》，《光明日报》，2006年11月28日。

践能力的一代新人"[1]。

智力超常少年是客观存在

尽管在我国有多少智力超常的少年儿童，目前还没有准确的统计数据，但30年来中国科大少年班的办学实践证明，在我国确实存在着智力超常的少年儿童。到目前为止，中国科大少年班已招收了1220名少年大学生。与同年龄少年学生相比，他们明显聪慧异常，智力超群。近年报考中国科大少年班的考生，每年都达到两三千人。据国家统计局2001年3月发布的中国第五次人口普查数据公报，全国人口中14岁以下的少年儿童为28979万名。如果按每万人中有一名的比例估算，那么，智力超常少年儿童也应有近3万名。尽管这种估计的准确性有待于研究，但我国是一个13亿人口的大国，具有相当数量的智力超常少年儿童，这是客观事实。对于把我国建设成为创新型国家而言，这些智力超常的少年，是极其宝贵的人才资源。

那么，如何开发这批智力超常的宝贵人才资源呢？显然，必须遵从因材施教的基本教育规律，探索适应智力超常少年的新的教育模式。应该说，超常少年在天赋、天资、素质上异于常人，但这只是具备了比较好的接受知识、增长才干的基础和条件而已。如果不学习，蹉跎岁月，也会智力衰退，碌碌无为。为了获得知识、增长才干，个人的主观努力和他人的指导都很重要。超常少年之所以比一般少年懂得多，思维敏捷，很重要的一个方面，就在于他们比一般少年刻苦，而且一般都有人指点和开导。随着这些超常少

---

[1] 胡锦涛：《在全国优秀教师代表座谈会上的讲话》，《光明日报》，2007年8月31日。

年刻苦自学内容的不断深入,知识领域的日益开拓,家长和中学老师,乃至常规的中小学教育一旦胜任不了他们的辅导工作,就迫切需要进一步的更高层次的开导和指引,迫切需要一种特殊的办学形式来满足他们的求知欲和继续发展的需要。大量事实表明,如果让这些少年去读那些他们已经懂得了的东西,那就会压抑他们的学习兴趣和发奋向上的精神,误人子弟。正如著名美籍物理学家任之恭教授所说:"一个学生能跳级就要允许他跳,如果还让他去学那些已经懂了的课程,那在心理上会受打击,或感到压抑,这对人才培养不利。"[1] 美国英才教育专家约翰·霍普金斯大学斯坦利教授说:"只要指导得当,这些才能超群的少年儿童将会在自己的一生中做出很大的贡献,他们的生活也将更加幸福。但是,如果对他们没有给以特别的帮助,其中许多人会半途夭折,而遭受损失的则是国家。"[2]

创办少年班,将这些年龄相近、智力超常、志趣相同的少年集中在一起,进行超越常规的培养,这对促进他们的身心健康和智力发展,无疑是一种值得探索的教育模式。

---

[1] 转引自司有和等:《理科超常少年特殊培养的初步探索》,《少年班研究》第1期,中国科学技术大学印。
[2] 《才华出众的儿童对大学的巨大挑战》,《国外教育动态》,1982年第2期。

科学创造存在最佳年龄区

人才学研究表明，科学创造的最佳年龄区是25–45岁。美国学者亚当斯对当代4000名学者的科研成果进行统计分析，结论是：数学家的最佳创造年龄为37岁，化学家为38岁，物理学家为40岁，生物学家为46岁，人类学家为47岁，工程师为43岁。

从1901年至1979年间的诺贝尔奖获得者科学创造的情况来看，获奖的108名物理学家最佳年龄区是31–35岁；91名获奖的化学家最佳年龄区在31–40岁；102名获奖的生理学家、医学家最佳年龄区在36–40岁。

另据美国学者李曼1936年的考察报告（他考察了244位化学家，993项贡献），发现化学家的最佳创造年龄区为30–39岁。据罗斯门1935年的考察报告（他考察了701位发明家），发现发明家的最佳年龄区在25–29岁。杰尔达·伯杰在他的著作中指出，有一项调查证明，"卓越的科学家和数学家从事其创造性研究工作的年龄，是在20至30岁之间"[1]。

李政道教授曾于2001年在北京人民大会堂作过一个名为"物理的挑战"[2]的大型学术报告，在报告中他列出了上一世纪的杰出物理学家做出杰出科学贡献时的年龄分布情况：

---

[1] 吉尔达·伯杰：《天才儿童的识别与培养》，重庆出版社，1985年，第7页。
[2] 李政道：《物理的挑战》，中国经济出版社，2002年，第9–11页。

1905	A. Einstein（25岁）	狭义相对论
1912	N. Bohr（27岁）	量子论
1923	de Broglie（21岁）	de Broglie波（博士论文）
1925—1926	E. Schrödinger（37岁） W. Heisenberg（24岁） E. Fermi（25岁） W. Pauli（25岁）	量子力学 量子统计学
1927	P. Dirac（25岁）	Dirac方程完成相对论性量子力学
1935	汤川秀树（28岁）	介子理论建立核力基础理论
1942	E. Fermi（41岁）	核反应堆
1945—1947	朝永振一郎（39岁） G. Schwinger（29岁） R. Feynman（29岁）	完成量子电动力学的理论基础
1956	李政道（29岁） 杨振宁（33岁）	宇称不守恒（理论）
1957	吴健雄（44岁）	宇称不守恒（实验）
1964	M. Gell-Mann（35岁）	夸克理论
1961—1967	S. Glashow（29岁） S. Weinberg（34岁） A. Salam（40岁）	统一电磁作用和弱作用
1972—1973	G.'t Hooft（26岁） D. Gross（32岁） H. Politzer（24岁） F. Wilczek（22岁）	建议量子色动力学为强作用的基础理论
1955	F. Crick（39岁） J. Watson（27岁）	发现DNA的结构

最后一个例子是生物学上的。由此，李先生说："科学的成就出于青年，一代新人才，一片新科技。"他还说过"代代出新人，英雄在少年"[1]。

张笛梅统计的科技人才成功曲线图（见下图）显示，从公元600年到1960年，共有1243位科学家、发明家做出1911项重大科学创造发明。根据他的研究，可以证明以下三点：

①大多数人在30岁左右即开始有重大发明创造；
②40岁以前有第一项重大发明创造者占三分之二；
③约有60%的重大发明也是由40岁以前的人做出的。

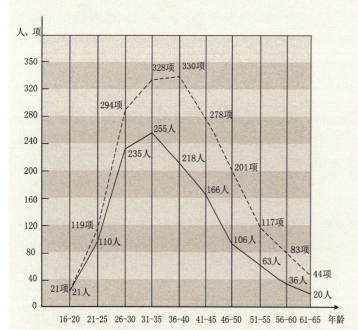

[1] 1987年12月6日，李政道教授为中国科大少年班十周年题词。

1978 年以来，中国科大少年班的办学实践表明，遵循科学发现最佳年龄区规律，开展超常教育，是完全可行的。少年大学生一般十四五岁上大学，大学 4 年左右，硕士 3 年，博士 3 年，这样，在二十四五岁就可以获得博士学位。也就是说，他们可以比一般学生提前 5 年进入科学创造的最佳年龄区。这是非同寻常的 5 年，这些少年大学生如果刻苦努力，就可能在科学事业上为人类做出大的贡献。据 1986 年纽约《中报》报道，至 1986 年底，1 万多中国留美学生中，通过 CUSPEA 项目来美国的少年大学生最富有特色。他们年轻而富有朝气，成绩非常优秀。"几乎每个人都带着纯朴好学的素质，忧国忧民的抱负，和他们谈话，犹如嗅到了春天的气息，纯洁而芬芳。""这一批留学生，将来必会为中国做出一些扎扎实实的事业。"

3　少年班与超常教育的发展

在"少年班"的影响下，中国科大以及国内的若干所大学和中学，以此为契机，以各种形式，不断推进超常教育，逐步形成具有中国特色的智力超常少年教育体系。

少年班预备班

在少年班办学过程中，经常有一些家长带着不满十岁的孩子，千里迢迢从全国各地专程赶往地处合肥的中国科大，要求让他们的孩子进少年班学习。这些孩子很聪明，学习成绩也很优异，但往往尚不具备优秀高中毕业生的文化水平，学校只好说服他们回去。也有不少家长给少年班来信，反映他们的孩子智力超常，接受能力强，常常感到"吃不饱"，担心与智力一般的学生在一起学习，学习兴趣会渐渐消退。有的教育工作者则建议，应该办"超常儿童中学"，自成一体，为少年班选拔人才。所有这些，都向少年班提出一个新的课题：智力超常少年的因材施教，应不应该、能不能从中学阶段开始抓起？

显然，少年大学生之所以智力超常，除了其个人天赋之外，还与中、小学和家庭所给予的早期教育密切相关。大学、中学和小学是不同的教育阶段，有着不同的教育对象和特点，但又不能截然分割。研究大、中、小学教育之间的相互联系，探索人才成长全过程的规律性，直接关系到人才成长的速度和质量。因此，为了更好、更快地促使智力超常少年成才，必须在其成长的全过程都注意特别培养。大学和中学联合办学，共同探索从中学到大学培养智力超常少年的教育规律，有助于深化教育改革，有助于教育科学研究的深入开展，有助于中等教育与高等教育更为有效的衔接。

经过一段时间的酝酿，1985年，中国科大与北京景山学校、江苏省苏州中学联合，分别在这两所中学创办了少年班预备班。创办少年班预备班的目的，是将大学对早慧少年的教育向中学阶段延伸，把大学少年班的办学经验向中学教育阶段推广，以便及时发现和培养更多的智力超常少年，推动超常教育改革向纵深方向发展。

少年预备班进行的是高中教育。在教学过程中，它要改进中学对优等学生的培养方法，同时将大学少年班教育的某些内容和方法向预备班渗透，以实现教育各个阶段的完善和衔接。具体做法有以下几点：[1]

学制灵活。搞好智力超常少年的教育，要么缩短学制，要么允许他们提前进入较高阶段的学习。所以，在预备班学制问题上，提出了两项改革措施：一是缩短学制，定为两年，缩短一年完成高中阶段的教学任

[1] 参阅辛厚文、陈晓剑：《大学少年班教育概论》，中国科学技术大学出版社，1986年，第78—82页。

务；二是允许提前进入较高阶段学习，即进入预备班的学生，可以是初一或初二的学生，但必须达到优秀初中毕业生水平。虽然预备班学制定为两年，如果在一年就已达到优秀高中毕业生水平，也可以提前进入大学少年班学习。

在预备班打破学制框框，有两方面含意：一是目前中学实行的学制，不应是刚性的，而应是弹性的，超常少年或其他优秀少年可以越过固定的学制模式，进行跳跃升级；二是学制只能作为制定教学计划的依据，不应成为束缚人才成长的绳索。

招生标准。作为培养智力超常少年教育体系的一个有机组成部分，预备班招生对象是智力超常少年，以便做好早期选拔和培养工作，为大学少年班输送优秀学生。预备班招生标准有两条：一是年龄要求在13岁以下；二是文化程度达到优秀初中毕业生水平。这就是说，不管学历如何，一定要基础厚实，德、智、体、美全面发展。这种选拔方法是对学生具有较强自学能力的一种全面考核。

预备班学生的去向有三种：其一，少数特别优秀的学生，可以直接推荐进入中国科学技术大学少年班；其二，参加全国统一高考，自愿报考全国各大学少年班；其三，没有考上大学少年班的学生，可转入中学高三普通班，然后参加全国高考。

教学方法。为了关心这些优秀少年的成长，预备班除由一名教师担任班主任外，还配备了副班主任，专门负责学生的生活管理。在学习方面，学校根据学生要在两年内学完高中的全部课程这一特点，为预备班配备较强的师资力量。在教学上，北京景山学校和苏州中学分别采取"发挥特长，因材施教，分类指导"和"快速度，高质量，全面培养"的原则，在注意学生全面发展的基础上，加快数学、物理、化学和外语的教学进度。在教师的精心指导下，许多学生能够做到超前学习。例如1985年北京景山学校预备班17名学生参加北京市东城区高中数学、物理、化学竞赛，有15人次获奖；1986年9月有7人提前一年考取了大学少年班；1987年又有6人考上了大学少年班。苏州中学预备班21名学生中有7人入选参加全国数学竞赛；1987年有17人考上了大学少年班，其中有14人考取了中国科大少年班。

在抓智育的同时，学校也不放松德育、体育、美育的教育。由于学生年龄小，思想单纯，对前途考虑少，于是学校组织学生收看老山英模报告团的报告录像，利用班会介绍当今先进人物事迹，引导学生树立远大理想。各科教师也注意把理想教育渗透到教学之中。在音乐课上，教师在培养学生对音乐艺术的鉴赏力的同时，还向学生介绍聂耳、肖邦、贝多芬等中外著名音乐家不畏艰难困苦、顽强探索的精神和爱国事迹，把美育与德育结合起来，鞭策学生们刻苦攻读，激励他们为全人类的事业而奋斗。搞好体育教学，保证学生有健康的体魄。从预备班的教学实践来看，预备班在具体教学内容和方法上进行了初步改革，取得了一定的成效。目前在哈佛大学有两位年轻的女性终身教授庄小威、蔡天西，她们都是从苏州中学预备班分别于1987年、1991年考上中国科大少年班，并从这里走向世界的。

高中办少年班预备班的，除了北京景山学校、苏州中学外，还有南京大学和南京师范大学附中预备班，清华大学无锡一中预备班；初、高中混合办超常教育实验班的有北京八中、沈阳育才中学、长春实验中学、安徽庐江中学、江苏无锡天一中学、浙江东阳中学、湖北荆州中学以及江西南昌十中、南城中学、临川一中等学校。此外，全国还有几十所像天津市实验小学超常儿童试验班之类的智力超常少年儿童教育试验学校。

软件班

少年班的创办饱含了党和国家领导人的关心和支持。1983年12月28日，著名物理学家、诺贝尔物理学奖获得者杨振宁教授向邓小平建议："现在全世界都公认美国的计算机最好，我在美国考察时发现，做计算机的不是年龄大的，都是些年轻人，我知道中国有个少年班，14-15岁上大学，很聪明，这些人学软件专业，今后将会前途无量。"听了杨教授的这番话，邓小平说："科大少年班可以搞。"并做出了批示，要求有关领导落实，同时还强调："要看得远一点，要不然来不及了。"

在邓小平的支持和鼓励下，1984年5月28日，中国科大做出了"关于办好少年班计算机软件专业的几项规定"。1984年9月5日，少年班正式开办计算机软件专业，有23名学生就读。

当时在计算机系的帮助下，搜集了美国、英国、印度和国内清华、南大、国防科大等著名大学计算机系的教学计划、课程设置，专门制定了高水平、高难度的少年软件班的教学计划。在办班的过程中，软件班成立了兴趣小组，学生自己做计算机报告。当时该班学生黄沁便做了一个《计算机发展和软件语言报告》。为方便学生们学习，少年班管理委员会还将计算机房全部交给84级软件班学生管理。在软件班还实行了导师制，当时的计算机系主任石钟慈教授（现为中国科学院院士）就担任黄沁同学的导师。

软件班的规模并不大，例如84级（第一期）与88级（第二期）两个软件班，总人数还不到40人。目前，这两个班的毕业生年龄都还只有30多岁，但他们的事业发展已显露强劲势头。例如，他们中有10年前就已成名的网大三剑客黄沁、蒋继宁、刘民，有中国TurboCRM公司董事长薛峰、技术总监李鲲，有鹏华基金副总裁袁超，有国家杰出青年科学基金获得者、中国科学院软件研究所所长助理张健，还有在美国名校任教的Iowa State大学计算机系终身教授贾燕斌等6人（其中2人曾获美国国家自然基金成就奖），另外还有7人在微软、IBM、Google三个公司任职。

少年班软件班的开办是中国科大紧跟党中央领导的指示精神而采取的一项重大举措，在少年班办学历史上具有深远的影响。软件班是少年班30年来开办的第一个特色班，目的是在理科背景的基础上实行理工结合，培养交叉学科人才。这是把以理科人才为主要培养目标的少年班拓展到培养高素质工科人才。在少年班办学的初期，学生从二年级开始或者到高年级就分到各系，而软件班的学生则整个在校期间都集中在少年班学习，不再分到系里。按照同样的管理模式，少年班后来又开办了数理班等其他特色班。再后来，软件班的管理模式在少年班开始全面推广，学生可以选择不同的专业，但从入学到毕业则一直留在少年班。从那时起，这种管理模式一直沿用至今。

零零班（教学改革试点班）

1985年9月，为了把少年班办学的成功经验向普通本科生推广，中国科大仿照少年班办学模式，开办了"教学改革试点班"。科大的每个系都有一个代码，如数学系为01系，物理系为02系，依此类推。"教学改革试点班"的学生都是当年统招新生中的成绩拔尖者，学校将他们从各系挑选出来，单独组成一个班级，不分系和专业，而是纳入少年班的统一管理系统，与少年班按相同教学计划进行学习，没有系的代码，因此又称"零零班"。

与少年班学生一样，零零班实行不分系的强化基础教学。经过2-3年强化基础教育后，可根据自己的兴趣，在全校范围内自主选择系和专业方向，然后到各系继续接受相关专业教育。与少年班一样对他们也实行个性化教育，建立本科生导师制和班主任制，全面关心他们的生活，指导他们发展。

多年实践表明，"零零班"的创办不但有助于巩固少年班教育事业的发展，而且对于如何培养具有创新意识和创新能力的人才，积累了宝贵的经验。一直以来，少年班与零零班学生统一管理、相得益彰，构成一个和谐的整体，受到各界充分支持和肯定。

二十多年来，零零班已经连续招收22期总计1032人，已毕业766人。

12所重点大学试办少年班

1984年8月16日，邓小平在北戴河会见著名物理学家、诺贝尔物理学奖获得者丁肇中教授时说："少年班很见效，也是破格提拔，其他几个大学都应办少年班，不知办了没有。至少北大、清华、交大、复旦应办一点少年班。"为此，1985年1月26日教育部决定[1]，继中国科学技术大学之后，在北京大学、清华大学、北京师范大学、吉林大学、复旦大学、上海交通大学、南京大学、南京工学院（现东南大学）、浙江大学、武汉大学、华中工学院（现华中科技大学）、西安交通大学等12所重点高等院校开办少年班，扩大少年班的试点。这个决定不但充分肯定了中国科大少年班的办学方向，更重要的是推动了大学少年班教育事业的发展，促成中国智力超常少年教育体系不断地走向完善。

随着时间的推移，上述12所重点大学少年班试点工作陆续发生一些变化。这些大学在形式上先后取消了原先的少年班建制，而分别结合自身特点和条件，继续开展超常大学生的培养和探索，创造出培养智力超常人才的新的办学模式。

应当说，经过30年的艰苦探索和创造性实践，具有中国特色的从中学到大学的智力超常教育培养体系正逐步形成。这是一个良好的开端，只要我们坚持实事求是，同心协力，锐意改革，勇于实践，已初显规模的中国智力超常教育体系一定能够取得更大更好的发展。

---

[1] 教育部文件（1985）教计字018号，1985年1月26日。

Special Class
for the Gifted Young, USTC
From 1978 to 2008

18 | 少年班三十年

第二章 少年班招生

少年班的创办,开创了新中国成立以来高校自主招生的先河。经过30年的实践,少年班的招生体制和方法不断完善,为建立我国高校自主招生的体制和方法,积累了一定的经验。本章介绍少年班招生体制建立、发展和完善的演进过程和基本内容。

1 学校完全独立自主的考核与录取

创办少年班的设想一经中国科学院批准,中国科学技术大学有关校领导会同校招生部门,迅速制定了少年班的招生方案,选派十多位教师,携带由中国科大命题的试卷,前往上海、江苏、江西、福建、湖南、湖北以及东北等地,在当地教育部门的大力支持和配合下,采用笔试与面试相结合的方法,对各地推荐的学生进行考核。首次招收了21名学生,其中有小学生、初中生、高中生,只有9人是高中应届(在1977年也就是高二)毕业生。赴各地的招生老师,招生标准、程序也不完全统一。学生有的是参加过高考的(高中应届生),多数没有参加高考。这些学生笔试有的考两次,有的考三次,也有的考了四次,绝大多数都参加了面试。[1] 面试的标准由派出的招生老师掌握,并不统一。这造成录取的学生有较大的差别,如进校后的摸底考试,数学最高为98分,最低只有10分。[2]

第一次这样招生虽然不够规范,也比较粗糙,但却开创了新中国成立以来高等学校完全自主招生的新体制,也在全国引起了极大的反响,许多地方都纷纷向中国科学院和中国科大推荐智力优异的少年,从而

[1]《关于预科班录取情况的报告》,1978年3月1日,中国科学技术大学档案馆档案(档案号:1978—WS—Y—43)。
[2] 中国科学技术大学少年班调查组:《中国科学技术大学少年班调查报告》,1982年4月25日,中国科学技术大学档案馆档案(档案号:1982—WS—C—167)。

促使中国科大决定在全国范围内扩大招生。

2 全国初试和学校复试相结合的招生体制

1978年8月，学校派出了60多名优秀教师前往各地进行第二次招生。这次应考考生共有937人，来自全国22个省份，其中北京50名，贵州60名，吉林50名，江西20名，青海10名，甘肃40名，浙江35名，山西37名，福建52名，云南22名，广西11名，河北39名，广东72名，上海20名，宁夏13名，湖北50名，湖南50名，山东25名，江苏55名，河南55名，安徽67名，黑龙江90名。

因为报考人数多，学校便分省设立考场组织全国性统一考试（初试），时间在当地高考之后，因此有些同学是在参加高考以后再来参加中国科大组织的考试。考试分语文、物理、数学三科，各100分，总分300分。在统一考试的基础上，学校再派老师到考生所在中学小范围内组织复试，复试采取笔试与口试相结合的方式进行。

第二次招生报名人数多，分布广，但由于当地招生部门的重视、支持和配合，还是顺利完成了任务。少年班原计划招生40名左右，实际上最后录取了67名。

第二期少年班的招生避免了考核标准不统一的缺点，取得了良好的效果。这一年录取的学生中，来自江苏省连云港市锦屏中学的考生谢旻参加高考总分超过重点高校分数线，数学接近满分，物理、化学均超过90分，参加我校命题的考试初试总分为247分（满分300分），在第二期少年班录取的67名新生中总分第一名，高出被录取新生平均分数40分，他被免予复试直接录取。谢旻现为新加坡国立大学工业与系统工程系教授，1987年10月，获瑞典Linkoping大学博士学位，是该校历史上"最年轻的博士"，被瑞典媒体称为"中国奇才"，1991年获"李光耀顶尖科研奖"，2005年当选IEEE Fellow，2006年当选新加坡工程院Fellow。除了有免予复试直接录取的以外，还有通过全国中学生数学竞赛，在江苏、山西、广东、四川、陕西等省级赛区的前3名优胜者中直接录取了符合少年班入学年龄条件的学生若干名，其中包括江苏、山西、四川、陕西等省的第一名。这里面有来自山西太原的郭元林，现为紫光集团总裁。另外还有个别同学未参加少年班招生考试，但凭借其极为出色的高考成绩直接录取进入少年班。

1979年4月30日，中国科大向中国科学院汇报第一、第二期少年班办学情况。5月2日，中国科学院确定：少年班必须继续招生，不能中断。5月3日，教育部通知中国科学院，同意少年班继续招生。在总结前两期招生经验的基础上，中国科大对1979年的招生方法作了改革。1978年少年班招生由学校自行组织全国性统一考试，相当于各地再组织一次小高考，工作量非常大。1979年，则将学校命题统考改为考生参加当地的全国统一高考（理工类），由考生所在市（县）招生部门将考生各科试卷当场、单科密封，在高考结束后寄送中国科大招生办公室，由学校根据高考评分标准组织对考生试卷的评阅，优秀者作为初选对象，然后再由学校选派教师赴各地对他们进行复试（包括笔试与面试）。

这样做的目的，是将高考作为初试，检验考生是否达到高中文化程度，再通过复试全面考察考生的智力、学习能力、独立性和自理能力。此后，除了1980年、1981年以外，少年班历年招生一直采用这种基本模式。

按照教育部的要求，第三期少年班招生由原来的全国范围缩小至北京、上海、南京、杭州、武汉、合肥、泉州7个城市进行，共招收29名学生，其中女生3名。1979年9月13日，中国科大第三期少年班举行开学典礼。从这以后，中国科大少年班每年招收一期学生，和其他中国科大学生一样，同时于9月份入学。

1980年招收第四期少年班，由于群众的广泛要求（数千封来信），经教育部同意，招生地区由原来的7个城市扩大到9个省市，即：北京、上海、浙江、江苏、安徽、湖北、江西、福建、山西。这一年的招生实际上基本根据高考成绩录取，但是"为了不致埋没人才，对少数考生可进行必要的复试后再择优录取"[1]。

1981年，招收第五期少年班时，根据广大群众的意见，经教育部同意，招生范围进一步扩大。原则上定为9个省市，同时又允许其他省、市、自治区的优秀少年报考，但需经地、市级招生部门向中国科大推荐，由中国科大批准后参加高考。第五期少年班实际上报考学生来自13个省市，考生质量有所提高。这一年录取的23名学生中有2名女生，其中有一位来自黑龙江的女生高立新是破格录取，她当年14岁，高考总分距少年班录取线尚差8分，但考虑到她的数学成绩达118分，接近满分，是少年班考生中数学高考成绩的第二名（比第一名少1分），数理化平均分为92.2，故予以录取。目前她是美国麻省大学（University of Massachusetts）电子与计算机工程系终身教授，曾获美国国家自然基金成就奖（NSF Career Award）以及Sloan研究奖等大奖。

1982年3月27日，教育部向全国各省、市、自治区高等学校招生委员会批转中国科大《关于第六期少年班招生的报告》[2]。经过教育部批准，这一年招生范围扩大到13个省市，并且这13个省市以外的其他省份优秀少年也可报考，这些地区考生的报考手续也比第五期简化，只需考生所在中学向县（市）招生办公室推荐，县（市）招生办公室批准后即可在当地参加高考。

此前，少年班招生一度有图简单省事的倾向[3]，1980、1981两年招生基本根据高考成绩录取。随后，学校认识到对少年班考生，如果和普通应届生一样，

---

[1] 教育部文件(80)教学字017号，1980年4月24日，中国科学技术大学档案馆档案（档案号：1980-WS-C-96）。

[2] 教育部文件(82)教学字025号，1982年3月27日，中国科学技术大学档案馆档案（档案号：1982-WS-C-130）。

[3] 少年班研究小组：《关于办好少年班的几点意见（讨论稿）》，1981年10月16日，中国科学技术大学档案馆档案（档案号：1981-WS-C-146）。

完全根据一次性的高考成绩确定录取与否，有可能会使那些有才能、有潜力、有培养前途的学生，因一次考试失误而失去提前上大学的机会。例如，学校发现有的学生头年报考少年班未被录取，而第二年参加高考却是全省状元或者全省前3名。另外，1981年录取的学生中，也出现了学习态度、思想品质和智力水平相差悬殊的情况，这与没有进行复试考察可能有一定的关联。鉴于这种情况，1982年少年班招生时，重新恢复了复试环节，而且从此以后，复试环节二十多年来一直是少年班招生的保留项目。

1983年招收第七期和1984年招收第八期时，基本上采用了第六期的招生办法。其间，中国科大曾会同中国科学院多次举办各种类型的座谈会，讨论如何进一步办好少年班。

1985年元月26日，教育部同意北京大学、清华大学、北京师范大学、吉林大学、复旦大学、上海交通大学、南京大学、南京工学院（现东南大学）、浙江大学、武汉大学、华中工学院（现华中科技大学）、西安交通大学等12所高等院校开办少年班。[1]

1985年招收的第九期少年班，招生范围已经扩大到全国，少数德、智、体、美全面发展的优秀学生可以免试保送。由于国内多所大学同时开办少年班，中国科大于1985年3月事先招了一批学生。在7月份的招生则沿用1984年的模式，先参加全国统一高考作为预选，然后进行复试。这一年，部分考生的复试来校进行，但是多数考生的复试仍由中国科大派教师赴各地组织进行。当时浙江温州市瑞安中学的考生蔡天武来校复试，结果是学校与他签订了一份协议后才录取（一年内如跟不上则退学）。蔡天武进

[1] 教育部文件 (1985) 教计字018号，1985年1月26日。

少年班后非常努力，毕业前通过李政道先生发起的CUSPEA项目赴美，后来获得Rochester大学物理学博士学位，目前是美国著名的高盛公司(Goldman Sachs, Co.)副总裁。

1986年，招收第十期少年班时，招生方法除延续第九期的基本做法外，也作了较大的改革，即把过去派教师分赴各地进行面试的形式，改变为将通过高考初选合格的考生集中到中国科大进行统一复试。这一年的具体做法和过程是：[1]

统一笔试。由数学系、物理系的老师分别负责复试命题，着重高中阶段的基础知识，适当增加考题的难度与灵活性，以进一步考察学生对基础知识的掌握情况、灵活和熟练程度。

试上大学课。由数学、物理、英语老师分别上3个单元的新课，主要是大学基础课，同时进行课堂提问和练习。单元课程结束时，再根据讲授内容出一些测验题，以考察学生的理解接受能力、反应速度和学习潜力。

智商测定。对参加复试的考生全部进行了智商测定，录取学生平均智商为121（少年班学生全部为16岁以下，本应使用儿童智力量表。由于当时学校只掌握成人智力量表，因此智商测定值是偏低的。即使这样，平均智商也比常态智商高21）。

综合考察。复试期间，考生集中学习、生活，教师一直跟学生在一起。虽然时间不长，但对每个人的性格、习惯都有所了解。老师利用课余、晚上的时间，逐个找学生谈话，了解他们的兴趣爱好、学习、生活、个性特点。针对入学后可能遇到的问题应该如何处理，若不能被录取应该如何对待等问题，与考生进

[1] 叶国华：《86级少年班、零零班招生与入学情况综述》，1987年2月27日，中国科学技术大学档案馆档案（档案号：1978-WS-C-227）。

行讨论。实际上也是一个很好的入学教育过程。对于少数是否录取有分歧意见的同学，复试老师又个别进行口试。

1986年少年班招生复试整个过程历时6天，最后择优录取了30名学生。这是第一次将复试全部集中到学校本部进行。这种做法（包括复试的考试科目）一直沿用至今。

至此，中国科大已经完成了十期少年班的招生工作。在多年招生实践基础上，通过不断总结经验教训，1986年开始确定了以下招生体制：少数德、智、体、美全面发展和有特殊专长的优秀学生，经过考核以后，可以免试保送。绝大多数考生必须经过推荐→报名参加高考（初试）→初试合格者来校参加复试（复试包括文化课考试和心理测试等）→择优录取。少年班这一招生体制，经过不断的调整，一直沿用至今。成型于1986年的少年班招生体制，是中国科大对少年班办学模式和人才选拔机制进行多年探索的一个成果。

在历届招生中，中国科大少年班特别注重遴选数学、物理好的少年英才，注重他们是否对科学技术有浓厚的兴趣，这与少年班的培养模式和培养目标是完全一致的。由于仅仅经过一次考试不能完全体现学生的全面素质，通过复试考察学生就十分必要。同时复试可以让我们面对面地考察学生，更好地了解学生的非智力因素和心理因素，了解他们是否具备进入大学独立学习生活的基本能力。总之，通过全面考察学生，选拔符合少年班办学模式和培养目标的人才，是少年班招生的主要方针。

1987年11月13日，国家教委下发《关于普通高校少年班招生工作的通知》[1]，即通常称的

[1] 国家教委（87）教学司字113号文件，1987年11月13日，中国科学技术大学档案馆档案（档案号：1978-WS-C-166）。

87-113号文件。通知对于少年班招生有关事项作了明确规定，"招收少年班，可采取招生院校单独考核和参加全国高等学校招生统一考试两种方式，由招生院校选定后报告国家教育委员会高校管理司核准"。这在考核层面上给了招生院校充分的自主权。通知还要求："少年班招生应德智体全面考核，择优录取，既要注意智力因素，又要注意德、体等非智力因素的状况；各级招生部门，应支持招收少年班的工作，同时注意防止不正之风。各招生院校要坚持条件，宁缺勿滥，注意总结经验"。最后指出："今后少年班的招生工作，如无特殊情况，拟不再发文"。这标志着我国少年班招生已经步入成熟。近20年来，国家教育部关于少年班招生没有另外下过文件，87-113号文件一直是这二十多年来少年班招生工作的指导性文件。

二十多年来，中国科大少年班的招生工作一直按照教育部87-113号文件的精神进行。但随着国家社会经济的不断发展和教育体制的改革，少年班招生体制也适时做出适当调整，以适应外部环境的变化。

与20年前相比，现在中小学学制都已延长，小学由5年延长为6年，中学由过去4年延长到5年、6年。针对这种实际情况，并应广大考生要求，从2006年开始，少年班招生对考生年龄放宽到16周岁以下。

近年来国家的高考政策不断改革，上海（1987年）、北京（2002年）率先实行高考自主命题，随后越来越多的省份开始实行高考自主命题，到2006年实行高考自主命题的省份达到16个，2007年高考自主命题的省份还在继续增加，这给少年班的招生工作带来新的课题。同时，由于少年班招生是面向高二以下的非应届毕业生，少数地区的少数中学利用这个机会，大量推荐高二学生报考少年班，作为高考练兵。2005和2006两年，经推荐报考少年班的学生均超过3000人，这不仅给招生工作带来极大的负担，而且在一定程度上影响了正常高考秩序。

针对出现的新情况新问题，中国科大积极应对。过去由于全国高考统一试卷，少年班的复试基本按照考试成绩、同时参考单科成绩划定一个分数线。随着自主命题省份的增多，以及各省试题之间没有严格的可比性，因此从2005年起，在不改变录取模式的前提下，少年班的复试分数线参照各省的一本分数线、按省市和考卷类型分别划定，不分省设定复试名额限制。同时，针对某些中学推荐大批学生报考少年班的状况，从2007年起，限制每个中学推荐报考少年班人数不超过20人。

总之，少年班通过推荐报名、参加高考、通过复试择优录取的招生模式，经过二十多年的实践检验证明，是成功的人才选拔模式。

3 零零班学生的选拔

1985年9月，中国科大在总结和吸收少年班办学经验的基础上，又面向高考成绩优异的学生，仿照少年班模式开办了"教学改革试点班"（简称"零零班"）。

最初，零零班学生的选拔方法是：在刚进校的本科新生中进行数学、物理、外语三门课的入学摸底考试，参考高考成绩，选拔出30名左右优秀学生。零零班单独编班，由教务处直接管理。"零零班"是少年班的平行班，执行同样的教学计划，进行同样的教育探索。

1986年9月，中国科大将86级"零零班"与第十期少年班合为一个班，归少年班管理委员会领导。从此，少年班与零零班学生优势互补、相得益彰，形成一个和谐的整体，统称少年班。

与少年班的招生相类似，零零班选拔模式也经历了不断的完善过程。2002年前，零零班学生大体上来源于三个途径：

1. 从各重点中学的保送生中选拔一部分（时间约为每年4、5月份）；

2. 从各省高考总分名列前茅者、各学科国家奥林匹克集训队队员中选拔一部分（时间约为每年7月份）；

3. 通过进校后的数学、物理、外语摸底考试，从每年的本科新生中选拔一部分（时间约为每年9月份）。其中通过新生入校后的复试选拔要占大多数。

最初几年的统计结果表明，通过入学摸底考试选拔零零班学生还是非常准确有效的。[1] 例如86级零零班选拔了26人，其中高考状元有4人（包括一名全国状元）。一学期下来，大家成绩都较好，但最好的不是各省的高考状元，而是入学摸底考试的成绩较好者。在前5名中，高考状元只有1名，前10名中，高考状元也只有2名。

零零班的这种选拔模式一直沿用到2001年。从2000年起，中国科大的学制由5年改为4年，新生军训也由一年级新生入学时改到了二年级暑假进行，全校本科生一入校就开始上课，没有足够的时间安排他们的入学摸底考试。这样，从2002年开始，新生进校摸底考试取消，原先通过复试选拔零零班的名额，改为由学校各省招生组在高考录取时直接录取。2007年开始，中国科大重新调整新生的入学时间和第一学期课程安排，新生军训在入学时进行，这使得新生进校摸底考试得以重新恢复，零零班部分同学通过摸底考试选拔确定。

---

[1] 叶国华：《86级少年班、零零班招生与入学情况综述》，1987年2月27日，中国科学技术大学档案馆档案（档案号：1978-WS-C-227）。

4　复试的素质测试

少年班学生的心理鉴别测验，是少年大学生选拔中的重要环节，它关系到对复试生全面评价的客观性。中国科大少年班选拔学生时倾向于注重创造力、高级思维能力（包括理解接受能力、批判思考能力、解决问题能力、高度注意力和记忆力等）、个人及社交能力（包括自我管理能力、沟通协作能力、正面的价值观、积极的态度和稳定的情绪等非智力因素）的考察。采用的基本程序如下：

核查：核实基本信息。一般在复试报到的当天晚上进行。

笔试：团体进行，纸笔做答。对参加复试的学生进行智力、创造力、人格等项问卷测验，考察基本智力和非智力情况。

面谈：个别进行。主要了解学生的一些经历和对某些问题的看法，考察态度、价值观、沟通能力等。

操作：个别进行。通过操作测验仪器考察学生的反应能力、稳定性及独立性等多项特征。

评估：多位专家根据测验分数，经过讨论给出最终评估结果。

录取：经过上述一系列的程序测验鉴别，通过的学生被建议录取。

除了通过正常的测验选拔程序，学校还有一定的自主权。比如专家学者的推荐、参加国际性或全国性有关学科竞赛、独立研究发明发现等等，都可以作为鉴别测验选拔的可能途径。

Special Class
for the Gifted Young, USTC
From 1978 to 2008

30 | 少年班三十年

第三章　少年班教育

少年班教育的基本目标是对我国的智力超常少年进行超越常规的教育，使他们的智力得到充分开发，为我国社会主义建设事业培养终生追求卓越、具有创新能力的杰出的科学技术人才。为了实现这一崇高目标，中国科大少年班30年来进行不懈的探索，逐渐完善了少年班的教育理念：强化基础教育、注重创新能力培养、实行个性化、开放式和全面素质教育。本章阐述我们在打好科学基本功、注重能力培养、智力与非智力素质协调发展等三个方面所进行的各种探索，以总结少年班教育所取得的重要经验。

1　打好科学基本功

少年班的教育计划是实现少年班办学理念的具体方案，是组织教学的基本依据，也是提高教学质量的重要前提。教育计划在一定程度上决定了少年班人才培养的模式和途径。中国科大少年班30年的教育实践表明，为少年大学生一生的发展打好科学基本功是制定培养杰出人才教育计划的核心问题。

强化基础的教学模式

国内高校通常的本科教育体制是按系或者按专业方向的要求制定教育计划。中国科大少年班创建伊始，在制定教育计划时就破除了这种模式，并借鉴国际高等教育注重基础学科教学的先进模式，致力于培养具有创新能力的、从事基础科学研究的拔尖人才。按照培养拔尖人才所需要的数学、物理、外语和计算机技术等基本功的要求，制定通才性的强化基础的教育计划。

按照这种新的教学模式，少年大学生入学后不分系，而是集中在少年班进行2-3年严格的基础训练，使其牢固掌握科学的基本原理，培养其严谨扎实的学风和严肃的科学态度。完成基础训练以后，少年大学生已对相关科学领域有了不少了解，并对某些学科领域产生了一定的兴趣。在此基础上，当他们踏入高年级时，便可以在全校的各个院、系选择他们的专业方向，并按照所选择的专业教学计划进行学习。实践证明，相对于传统的大学生一进校就确定专业方向而言，少年班的教学模式更加有助于打好基本功，有助于充分调动少年大学生专业学习的主动性和积极性。

让学生跳起来摘"桃子"

少年班教学一直坚持"高起点"。所谓"高起点"是指教学内容和对学生的学习要求起点高，主要反映在教学内容的深度和难度方面。在科学技术日新月异的时代，人类的知识范围急剧扩大，如果教学内容起点低，是难以培养造就杰出人才的。对少年班教学，应该充分估计和利用少年大学生的学习潜力，不断更新教学内容，使他们能较早接触学科领域的前沿发展。

显然，教学内容的高难度并不是增加课程门数和学时数，相反却应减少，以实现教学内容的"少、精、新"。如对过去学时多、起点低的普通物理和普通化学，便用物理学导论和化学概论代替。不断地改革和更新教学内容，尽可能用现代科学技术知识来取代那些陈旧的甚至是原始的材料。总之，教材要有一定难度，要让学生跳起来摘"桃子"，既要使学生能摘到，但又必须跳起来摘，以激发和巩固学生的学习兴趣。高起点教学，不违背循序渐进的教学规律，而是对这一规律的更深层次的概括和把握。实行高起点教学，教学重点便由过去的传授知识转向学生智能的开发和发展。

主辅结构

根据大学少年班的培养目标，大学少年班有其主干学科。事实上，每个系或专业都有它的主干课程和非主干课程，所以就有必修课和选修课，有第一课堂和第二课堂之分，从而也就产生了主辅结构及它们之间相辅相成的关系。这也是少年大学生智能优化的重要方面。

在科学技术整体发展的过程中，单纯靠几门主干课程的知识是培养不出合格人才的。科学家应该对他们所研究的学科既有一种历史的认识，又有一种社会背景的理解。必须具备相关学科的知识，比如学物理的人，不仅要有很强的数学能力，还要懂计算机的使用，理工科人才还要学点经济管理知识，这样才是高质量的人才。根据少年大学生文科功底差的特点，还要求他们学一门以上的文科课程。

在少年班设置一些非主干课程和开设选修课等，主要是考虑到：

1. 为学生攻读主修课程提供系统的背景知识，开阔学生的视野，有助于完善学生的智能结构。如在少年班开设物理学导论、计算机概论、生化概论、科技讲座和人文科学课程等，目的在于让学生在分科学习之前对各学科的全貌有一个了解，使得他们能从不同学科的角度出发，运用各学科的思想方法来研究解决某些特殊问题。这不仅完善了学生的知识结构，也有助于学生知识面的拓展和课程的综合化。

2. 非主干课程设置要结合学科培养方向和利用学校学科条件，使少年班的学科培养方向具有本校的特色。

3. 少年班课程有必修课和选修课之分。除了少年班本身的选修课以外，少年班选修课程范围可以拓宽到全校本科生全部课程，这对于充分发挥少年大学生的潜力是有积极意义的。但是，必须注意要在导师指导下予以选课。少年班的教育计划应该是个具有弹性的计划，要有一定的灵活性，可以根据新的形势增开一些新的课程，学生可根据自己的特点跨年级或跨学科选修课程。对于部分成绩特别优异的学生可以单独制定培养计划。

在交叉领域培养人才

在邓小平的支持和鼓励下，1984年5月28日，中国科大做出了《关于办好少年班计算机软件专业的几项规定》。1984年9月5日，少年班正式开办计算机软件专业，其学生由从该年少年班新生中挑选了23名学生组成。这样开始在理科背景上，实行理工结合，以培养高级软件人才。当时在计算机系的帮助下，收集、研究了美国、英国、印度和国内一些著名大学计算机系的教学计划、课程设置，并专门制定了高水平、高难度的少年班软件班的5年教学计划。软件班的学生5年全部集中在少年班学习，不再分到各系从事专业学习。实践表明，这种教学模式所培养出来的交叉学科人才，具有很强的适应能力和开拓能力。

目前，中国科大正在整合全校资源，充分利用学校在交叉学科领域的科学研究优势，开展少年班与合肥微尺度物质科学国家实验室等国家级研究机构合作办学，共同探索交叉学科高端人才培养模式，以促进少年班教育的深入开展。

总之，教育计划涉及面广，影响因素多，是个多维、多层次的综合体，要结合少年班培养目标、国家需要和学校的可能，制定好教育计划。大学少年班教育计划应该在不断探索中加以完善，以逐步建立相对稳定的教育体系和正常的教育秩序。

2　注重能力培养

教学是教师、学生、教学内容和教学手段等教学因素融为一体的过程。教学原则是教学过程客观规律的反映。通过对少年班30年教学实践的总结，我们体会到，培养杰出科技人才的最基本教学原则之一是：在传授科学知识的同时，必须注重加强学生的学习知识能力、运用知识能力和创造知识能力的培养。

自学能力培养

学生可以跳级，但积累知识的阶段性、渐进性是不能超越和中断的。少年大学生是学而知，而不是生而知，他们之所以智力超常，提前跨进高等学府，就是因为他们从小善于自学。因此，对少年大学生继小学、中学之后的智力开发，很重要的一个方面，就是要在更高水平上继续培养、锻炼和提高他们的自学能力。为此，少年班在教学过程中，对他们采用了"自学—精讲"的授课法。

"自学—精讲"，就是在充分发挥少年大学生学习积极性和自学能力的基础上，精减教学内容，通过重点传授获取知识的方法，来发展学生的智力和能力。这种授课方式主要按以下四个环节组织教学：

引导自学。教师对将要讲授的教学内容作简短提示和引导之后，先由学生精读教材，要求他们边读边做必要的摘录，提出不懂的问题。然后教师再做进一步的指导。同时举办一些读书报告会，开展讨论，教师参加旁听，以发现问题，再在上课时做重点讲解。如果读书报告写得好，有学术性，期末考试成绩不理想者，可用报告来调剂分数。

课堂精讲。所谓课堂精讲，就是要求教师在课堂讲授时突出重点，解剖难点，分析思路，重在启发。少年大学生善于提出各种问题，因此备课时要注意积累材料，讲课时作井然有序的穿插。又因为他们自学能力强、刻苦，讲课时在理论方面应作深入的剖析和挖掘。总之，"精讲"不是"压缩饼干"，也不是只讲几条纲可以了事，而是该讲的内容必须讲透，从而揭示教学内容的内在联系和科学方法，提高教学内容的学术价值。

综合练习。约占规定时间的10%。这是自学和课堂精讲继续深入的一个教学环节。在自学、精讲的基础上，学生获得了一定的理论知识，但要学生运用所学的知识自己去分析、解决问题，使他们的思维能力得到进一步的锻炼，还必须经过严格、认真的综合训练。综合训练可分两个方面：一方面布置有一定深度的、富于技巧性和综合性的练习题，侧重训练学生综合运用知识、阐述理论的整体性思维能力；另一方面，除结合课堂讲授开设一些演示实验外，增加实践训练，以巩固他们所学过的知识和所受到的智能训练。

归纳小结。约占规定时间的10%。为了使所学知识条理化、系列化、理论化，在学完一个单元之后，要求学生就这一单元的教材内容做出单元小结，突出知识的整体结构，反映知识的内在联系，不要"流水账"式的小结，要"联络图加系统化"式的小结。要以自己的认识和理解为线索，用自己的语言进行归纳，要有自己的独立见解，反映出课外阅读和实践中的收获体会。

克服教学与实践的"断线现象"

在通常的教育计划中，往往容易出现如下的"断线现象"：基础理论学习和运用上的断线；基本技术和技能训练的断线；计算机技术学习和运用的断线；外语的学习和运用的断线。大学少年班教育着重的是打好基础、培养能力，而这些断线对于学生牢固掌握知识以及运用知识的能力是不利的。为克服这些"断线"现象，我们做了许多努力，并取得了较好效果。

数理课程系列化。在传统的教育计划中，数理课程学时多而集中，往往是"一、二年级学数理，三、四年级忘数理，临到毕业要数理"，造成前期基础理论课与后期专业课中对基础理论的学与应用之间的相互脱节。为了衔接好前期的基础理论教育和后期的专业课教育，在少年班课程安排上，数理化课程前期保持学科本身的系统性，后期则适当和专业基础课、专业课结合，让基础理论课在整个教学过程中不断线，使其课程系列化。比如，在基础数理课后，可以开设一些中高级的数理课程作为选修课；在专业基础课阶段，再开设些高级的数理专题报告和选修课，将基础理论课渗透到后期教学中，不断地培养少年大学生理论思维能力。这是大学少年班教学过程的第一条平行线。

计算机课程系列化。目前大多数学校在大二上完算法语言和有关计算机课程后，上机运算能力的进一步训练比较少。计算机作为一门实践性很强的课程，必须将其系列化。为了保证计算机训练不断线，可以结合后期课程教学开设一些学科辅助计算课，如计算数学、专业课计算等课程，以培养其运算能力。这是大学少年班教学过程的第二条平行线。

实验课程系列化。实验教学是以培养能力和实验技能为主的教学环节，要把它贯穿到整个教学过程中去，并努力使实验课程系列化。在低年级时，要求学生学会进行实验的基本步骤、方法，熟悉实验中应注意的问题，学会基本仪器的选择和使用、实验报告写法以及问题的分析。在此基础上，逐步学会进行教师指定内容的实验设计，正确选择实验方法和仪器，独立进行比较简单的实验，以培养学生的观察判断能力。在高年级时，开设一些指定范围内的自选实验课，逐步达到由学生独立设计、实验和分析处理数据，并能处理常见的故障。这样，各个实验的内容虽然是独立的，但在总的要求方面是系列化的。这是大学少年班教学过程中的第三条平行线。

外语课程系列化。在少年班的基础课教学中，要尽快完成外语课教学，使学生的外语能力有较大的提高。对于第一外语达到较高水平的学生可以在第三至第四学期学第二外语。但对第一外语没有达到相当水平的学生，应继续为他们开设一些科技外语和文献阅读等英语课系列，使外语教学贯穿于整个教学过程。在后期课程教学中，尽量采用英文版书作为教材或用英语进行讲授，指导学生阅读外国文献，不断提高少年大学生外语水平。这是大学少年班教学过程中的第四条平行线。

大学少年班教育过程中的"四条平行线"，改变了基础课堂断线的情况，加强了基础课与专业课的结合，也防止了过早过份的专门化教育。

科研实践与教学过程紧密结合

新中国建立初期，我国几乎所有的高等学校都很少搞科研，那时的教学和科学研究是分家的。这样的教育模式直接影响到我国高等教育的人才质量，使得大学生毕业后要有一段时间才能接触到科学研究。20世纪50年代末和60年代初，虽然也提出高等学校应是国家科学研究的重要方面军的要求，但由于人所共知的原因，这个要求并没有得到有效的实施。直到粉碎"四人帮"以后，才明确高等学校特别是重点高校应该是"两个中心"——既是教学中心，又是科研中心。但在教学过程中，如何实现教学与研究相结合，还是高等学校有待探讨的深层课题。

在国外，特别是第二次世界大战以后，把科学研究和教学结合，把科学研究当作教学过程的重要组成部分，已成为发达国家大学教育的共同特征。法国、英国战后几次教学改革的一个重要内容，就是进一步把教学和科学研究结合起来。日本大学的讲座制，是教学和科学研究相结合的具体形式。

中国科大1958年建校时，就大胆提出教学与科研相结合的办学方针，并通过让高年级学生到中国科学院的各相关研究所进行毕业设计等方法，锻炼大学生的科研实践能力。这一优良传统顺理成章地被继承到少年班的教学过程中，主要做法是：

把科学研究的成果及时反映到教学内容中去。其形式是或者把它编入有关的教材之中，或者另开新课，或者举行专题讲座。比如，通过开设"科技讲座"课，让学生及时了解有关科学研究的最新成果。另外，由于少年班教师大多是学术科研骨干，教师还可以将自己的科研成果及时充实到教学中去。在教学过程中，教师可以讲自己选题的结论以及尚待解决的问题等，这些知识是非封闭的，它往往留有空间可让学生去探索，这样就大大地激发了学生的研究兴趣，并从中培养学生的创造思维能力。

使教学过程带有研究性质。例如，直接组织学生开展课外科技活动；开设带有研究性质的实验课、实习课、大作业，有的还结合课堂教学，布置读书报告；把课程设计、毕业论文等纳入教师的科研课题之中。通过这些由低到高联结的教学环节，既可以从不同的学习阶段和从不同的学习角度连续而有效地为学生提供接触实际、动脑思考、动手实践的机会，比较全面地培养学生各方面的能力，而且也可以加强教学和科学研究相结合的程度，这种结合构成了培养高质量专门人才的统一整体。

开展大学生研究计划。大学生研究计划是把科学研究引入教学的一个具体措施。从创办"软件班"、数理专业等特色专业起，少年班就鼓励高年级学生参加到科学研究第一线。1995年，少年班在四年级开设一门一学期的必修课——科研实践，要求所有同学结合各自专业（当时学制为5年），参加校内相关老师的科研小组，从事系统的科研活动，并且要求最后以论文或者读书报告、实验报告的形式考察学生的完成情况。这门课程收到了很好的效果，许多同学结合自己的科研实践，完成任务并发表论文。从2003年起，由于学校学制改革，学制缩短为4年，少年班的大学生研究计划安排在三年级结束的暑期完成。随着中国科学院与中国科大"所系结合"的进一步开展，每年约有40%的少年班学生选择到中国科学院的各相关研究所完成自己的大学生研究计划，他们的表现受到各研究院所专家的广泛赞誉。目前，中国科学院计算研究所、自动化研究所、声学研究所、物理研究所、理论物理研究所、高能物理研究所等十多个研究所，已经成为少年班学生科研实践基地。在这些地方参加过大学生研究计划的同学，大部分在第四学年继续在各院所完成他们的毕业论文和毕业实践。

教师主导性与学生主动性相结合

常常看到这样的情况，对学生"管"得过死，采用"保姆"式教育方法，把"嚼碎了的馍"喂给学生。对所有学生，不管水平如何不齐，也不论爱好如何相异，都用同一计划、同一模式要求他们。另外一种情况则是完全放任自流，不管成绩好坏，也不论能力强弱，都可以自由听课，随意发展。这两种情况，均未能正确处理教和学两者的关系，即未能正确地把教师的主导作用与学生的主体作用有机地结合起来。

从少年大学生的心理特征来看，在教师的主导下，发挥学生自主性学习是可行的。少年大学生的注意力和兴趣比较稳定，学习目的性较强，有定向的注意力和较强的自制力，对自己的追求执著不渝。而且，少年大学生分析概括问题的能力不断增强，不断地追求知识的系统化，并渴望在此基础上加深对事物的现象及其规律的深入理解。同时，随着思维力的成熟，少年大学生具有一定的逻辑推理能力，喜欢根据自己的学习和体会，对事物产生有独立见解，做出自己的判断。少年大学生在中、小学期间养成的自学习惯，更使得他们具有较强的自学能力和活跃的思想。在学习中他们不满足于课堂讲授，热衷于吸取课堂以外的知识营养。因此，在老师的指导下，给学生更多的自由度是非常有利于调动他们学习的主动性。为此，少年班在实践中采用了如下方法：

将第二课堂纳入教学体系，增强教学过程的活动。 少年大学生由于身心发展较早成熟，使得他们的爱好志趣各异，个性特征鲜明，他们往往不满足于第一课堂，因此，应将第二课堂纳入教学过程。第二课堂在教学及人才培养上有如下的作用：

由于"第一课堂"的教学结构与组织形成的严整性及其相应的教学规律，即使在少年班教学中对第一课堂加以改革，也不可能充分发挥学生的全部潜力，不可能很好提供适合他们的智能结构优化的环境与条件。例如，少年大学生所强烈追求的各种科技活动、学术报告以及社会活动等，都是"第一课堂"内难以满足的。这样势必要创造一个更广泛的信息丰富的学习生活环境来满足他们的需要。

两个课堂之间有着密切的联系，学生有第二课堂的实践活动作基础，可以更实在地理解"第一课堂"的教学内容；对"第二课堂"中不清楚的理论问题，也可带到"第一课堂"中去寻求答案。

把"第二课堂"纳入教学过程，一方面增加了教学过程的实践性，促使少年大学生在第二课堂中自己动手，思考问题，改变他们少年早熟带来的"书生气"，使他们具有较强的实践能力，为较早地进入生活，走向社会打下基础；另一方面又增强了教学过程的活力。当然这也向教师提出了更高的要求，要求教师加强对第二课堂的指导、咨询和帮助，使少年大学生既能有效地掌握科学知识，又能使其个性得到全面和谐发展。

因材施教。少年大学生具有共同的生理和心理特征、相近的智力发展水平和学习生活环境，因此可以根据教育计划，结合全班大多数学生的实际情况，确定教学的深度、广度和教学进度、教学方法等，并提出统一规格与基本要求。但是，少年大学生也具有不可忽视的个性。在学习过程中，智力水平的差异也会日益显露出来，因此在少年班中，也必须坚持因材施教的原则。

实行导师制是因材施教的重要措施。少年大学生渴望能从教师那里吸取各种知识，学习一些思想方法和治学态度；渴望能与教师直接进行思想交流，了解自己的不足和弥补不足的方法。而这一切只有实行导师制才能成为可能。另一方面，导师也可以通过个别辅导的方式帮助学生学习；同时，也可关心少年大学生身心健康成长。一般来说，由于少年大学生对导师的信任及学业上的密切关系，由导师监督指导学生的德育，效果比较理想。但是，随着大学少年班的发展，少年大学生不断增加，导师制也暴露出它的不足之处。因为如果仍然把导师指导学生的范围限于三四名学生的话，这种因材施教的教学方法代价就愈来愈高了。因此，除了增加导师指导学生数，继续实行导师制外，还可以开展各种学科的小组讨论的教学方式。这种小组讨论不仅更广泛培养了学生的独立性和创造性的学习态度，而且十分强调教师的指导作用，是深受学生欢迎的又一因材施教的教学方式。

积极改进教学方法。在教学过程中，教师、学生、教学内容和教学手段以一定的方式结合，可以形成多种不同的教学形式。不同的教学形式在教学过程中的不同阶段，可以发挥各自的作用。虽然长期以来对高等教育领域中教学形式和方法的研究远远落后于对中小学同样问题的研究，但近几年来，高等学校普遍开始重视教学形式和方法的研究和运用。大学少年班在教学方法上除了吸收传统教育某些经验外，还注意了发挥学生的主动性。少年班学生曾经形成过许许多多的兴趣小组：学生计算机软件研究小组、物理兴趣小组、无线电小组、党课学习小组、数学兴趣学习小组、认知科学兴趣学习小组等等。少年班曾邀请常庚哲教授、李福利教授、徐森林教授、宋光天教授、唐孝威院士、陈霖教授（现中科院院士）等多位教授以各种形式对学生兴趣小组的活动给予指导。

与大师面对面

　　根据少年班学生实际情况，我们定期和不定期地邀请校内外科学家来少年班做科普报告或座谈，在与大师的直接接触中激发少年班学生热爱科学、学习科学，为将来的科学创造做准备。

　　1979年，李政道教授应中国科学院邀请到北京，给全国近千名学者和学生讲授粒子物理与场论和统计力学课程。他放弃周末休息，与夫人秦惠䇹女士一起专程来合肥，看望少年班学生和老师[1]，并赠送给少年班从美国带来的18本科普性的科技书籍。在与少年班学生座谈中，李政道先生讲述许多十分有趣的科普故事。他介绍了狄拉克想出的五猴子分一堆桃子的故事：有一堆桃子，开始5只猴子无论如何，都不能均分，最后大家约定先回去睡觉，明天再说。夜里一只猴子偷偷起来，把一个桃子扔下山后，正好可以分成5份，它就把自己的一份桃子收存起来，睡觉去了。第二、第三、第四、第五只猴子也分别这样先扔掉一个桃子后再分成5份，问原先这堆桃子有多少个？李先生说你们现在可不回答，回去考虑考虑。接着李先生又介绍了《从一到无穷大》、《会跳舞的蜜蜂》

---

[1] 司有和：《李政道教授访问中国科技大学》，《少年班研究》第1期，中国科学技术大学印，第106页。

和《原子在我家中》等许多有趣科普小故事，启发少年班学生的好奇心和思考。李先生一再强调老师一定要培养学生好奇心，保护学生的童心和好奇心是很重要的。有了好奇心，敢于提问题，不要怕问错问题。李先生还特别强调少年班老师还要重视培养学生的实际动手能力，要满足他们在这方面的要求，这也是很重要的。在美国，很多家庭里都有小工具，如小车床、小钻床、锯子、刀子等。孩子们在家里就可以做一些小东西。我们国内家庭没有条件，因此少年班老师要给他们创造一些条件，让他们自己动手玩玩，这些不一定要与教学有关，将来对他们是有用的。学理论的也应当搞些实验。我们中国学生到国外学习时，选学数学的多，学实验物理的像吴健雄、丁肇中、袁家骝，人数就不多了。最后李先生挥笔为少年班题词"青出于蓝，后继有人"，鼓励学生再接再厉。李政道先生两次来中国科大讲学，与少年班大学生座谈，留下了珍贵的照片。他还几次寄来题词。这些题词照片在中国科大档案馆和少年班珍藏。

　　1981年盛夏，杨振宁教授应中国科大校长、著名物理学家严济慈教授的邀请来合肥访问。他非常关心中国科大少年班情况，早在1978年访问科大时就说过："要把他们学业情况记载下来，过了一二十年，可以再看看，就可以看出少年班对他们有些什么收益。我想，这不仅对中国，对全世界都是十分有益的"。

　　这次来访，他还特地从美国带来了科学玩具"魔方"，连同解答方法一并赠给少年班[1]。杨教授十分关心少年班如何选拔学生，如何教育培养他们，他说："少年班怎样培养中国急需的各方面人才，这是一个值得探讨的问题"。"中国最需要的是能够解决中

---

[1] 司有和：《杨振宁教授与中国科技大学少年大学生在一起》，《科普天地》，1982年第3期。

国实际问题的人"。在与少年班学生座谈中，杨教授就如何选择自己所学的专业学科方向问题谈了看法。他说："选择学科方向的根据应该是：1）自己的兴趣；2）自己的才能；3）三十年以后的发展。三者结合起来考虑就可做决定了。"要认真选择和确立自己的方向，因人制宜，发挥优势。杨教授深有感触地说："求学问要有决心，但这种决心应该根据自己的爱好和祖国的发展需要来决定。一旦确定了主攻方向，就要下决心钻进去。"我当时就觉得自己搞实验物理不合适，在费米教授引导下我改搞理论。因此"所有的决心都应当能够随着对自己的了解而变动才好"，否则如果当时我不改搞理论，或者不允许我改，我想我今天就会很糟糕的。

1983年3月，著名物理学家、诺贝尔物理学奖获得者丁肇中教授与少年班学生座谈。丁教授十分重视引导和培养少年班学生创新意识和能力，培养学生不怕艰难险阻、勇攀科学高峰的精神，他语重心长地说："这是一个学者成功的主要品质"。丁教授在回答一个学生提出"怎样才能学好物理"的问题时说："学物理的人观察能力很重要。因为自然科学就是实验科学，牛顿力学、量子力学、量子电动力学等等都是从实践中总结出来的，理论要发展也要靠实验。要做实验，没有很强的观察力不行，不过观察能力是外加的，是自己练出来的。"[1]

1982年6月，美国物理学会首位女性主席、著名实验物理学家吴健雄教授和高能物理学家袁家骝教授在访问我校期间，也抽时间看望少年班学生。他们在与少年班教师和学生座谈之后题词写到："我们今天和科大少年班学生们座谈，给了我们很深刻的良好

[1] 司有和：《丁肇中教授和科大少年班同学谈怎样学物理》，《少年班研究》第3期，中国科学技术大学印，第62页。

印象,敬祝前途无限",鼓励少年班学生。

少年班还邀请著名物理学家任之恭的夫人陶葆女士给少年班学生作题为"美国中学教育和美国社会制度"的报告,帮助少年班学生了解美国教育和社会制度。我国原子能研究所所长、著名原子核物理学家钱三强教授的讲座、数学家杨乐教授的"如何成长"报告、中国科学院长春光机所副所长蔡仁堂的"科学尖兵——蒋筑英同志模范事迹"报告,都给少年班学生以深刻教育,激发了他们的学习积极性。

此外,从1986年起,少年班有计划、有目的组织校内著名物理家钱临照教授、李志超教授、吴自勤教授、尹鸿钧教授等,比较系统地介绍历史上典型的物理实验内容、研究方法和关键物理理论,帮助少年班学生了解物理科学发展的辉煌历史,学习历史上物理学家成功的实验方法,学习他们百折不挠的科学精神。少年班把这些讲座按物理学发展史的顺序列出10个专题讲座,组成"物理学导论"课。这10个专题的题目是:

1. 牛顿三定律与经典力学体系;
2. 电磁学理论的产生;
3. 振动与波;
4. 二体碰撞与康普顿散射;
5. 光的本性;
6. 狭义相对论的产生;
7. 世纪之交的三大发现和电子基本性质;
8. 波粒二象性和量子论的产生;
9. 原子核和粒子物理;
10. 四种相互作用与物理世界的统一。

以物理学发展史为线索,着重介绍关键时期重要物理实验和物理思想,以及物理学家成功经验和失败教训,让学生吸取历史上成功的科学实验思想和研究方法,认识到物理学是一门实验科学,实验是产生和检验一切理论的唯一标准。

李志超教授还帮助少年班设计了"激光全息照相"、"电磁波的观察和测量"等5个物理学导论实验。让学生自己设计实验方案，观察现象，测量实验数据，处理和分析实验数据，写出实验报告，并在同班同学中介绍和交流心得体会。

少年班还利用学生完成基础教学后开始选专业的机会，每年都组织和邀请校内各系（专业）、科研中心的领导和教授到少年班作有关专业学科发展、本单位教授的科研方向和未来学科发展前景的报告。如邀请我国非线性科学首席科学家、原校长谷超豪教授给少年班学生作"非线性科学"讲座，邀请物理系李福利教授作"非线性科学与经络理论"的报告。87级少年班学生朱萱、庄小威等7人随后自发组织起物理兴趣小组，并得到李福利教授的指导和帮助。少年班还组织学生到校内重点实验室和有关教授的科研实验室参观学习，进一步促进学生正确了解各学科发展情况和帮助学生选择自己感兴趣的专业。

在完成一、二年级的数学、物理、外语和计算机技术基础课学习后，开始与同年级相关系（专业）学生一起学习专业基础和专业课，这时少年班学生和教学试点班（即零零班）学生普遍都感到轻松或者"吃不饱"。因此，他们往往争取主动到教授实验室锻炼自己动手能力，或主动申请参加校教务处统一安排的辅修专业，或者选修自己感兴趣的非主修专业课程，以扩大自己的知识面。

88级少年班雷波同学，不足15岁进入少年班主修自动化专业，他利用四年级和五年级上半年3个学期时间，自己选修了经济管理学专业课，包括规划论、银行货币学、管理学概论、宏观经济学、微观经济学、技术经济分析、市场学、经济建模与仿真和国际贸易原理等9门课24学分。在老师的支持帮助下，他又与其他两位同班同学一起到深圳华为技术有限公司作毕业论文，毕业后就留在华为公司工作，曾被华为公司破格提拔，成为该公司19岁的高级工程师，现任深圳某公司的总经理和法人代表。

90级零零班张小海同学来自安徽省安庆地区一个乡村，家境贫寒，本来他对物理很感兴趣，为将来找工作方便，毅然改学无线电技术专业，但他并不放弃物理专业的主要课程，在完成无线电技术专业的必修和选修课程外，通过自学和选修方式同时完成理论物理专业的四大力学、高等量子力学和广义相对论等8门主修课程，取得32学分，还选修了计算机软件专业的编译原理技术、操作系统、软件工程及计算机体系结构等7门26学分的主修课。5年后大学毕业时，他取得无线电技术的主修学士学位，还获得了理论物理和计算机软件两个辅修专业的学位。

从86级到95级的10个年级少年班学生中，约有一半的同学像雷波和张小海同学那样，利用空余时间多多少少都选修了自己感兴趣的社会学、艺术类和经济学等有关课程。

建立校内学生科研实习基地

从1985年起，少年班管委会先后建立了少年班微机实验室、无线电技能制作实验室、照相技术和冲洗照片的暗室、语音室（英语）以及图书期刊阅览室，最大限度地为学生提供方便。学生可按照自己的兴趣和时间，随时（包括周末和节假日）到这些开放性实验做他们自己感兴趣的试验，设计电路、制作电路板、装配小仪器设备，如电子抢答器、收音机、简易的信号源和传导直流电源等，为少年班学生会组织各种学生活动创造条件。有时还组织高年级学生参加这些实验室的值班和管理工作，这不仅解决了少年班老师不足的困难，有利于培养学生组织管理能力，也增强了他们爱护公物的思想。

少年班有意识地推荐学有余力的学生到校内各系教授的科研实验室做"杂工"，在专家教授指导下，逐渐开始做些力所能及的科研辅助工作，建立起相对稳定的师生关系，实践结果很好，教师满意，学生有收获。85级李逊同学二年级下学期就在机械制图课老师指导下开始学习编制计算机制图软件，实现了机械制图的计算机软件模块化。三年级时，李逊同学选择学习无线电技术专业，学习之余他就主动进入无线电系主任沈兰荪教授的实验室，开始电子线路设计、制作和调试工作。在沈教授指导下，不到半年就完成了一个硕士生用一年都未完成的任务，得到沈老师的很高评价。后来，李逊提前两年被美国夏威夷大学电子工程系录取，攻读硕士学位，毕业后，他与夏威夷大学导师合作在加州硅谷地区创办网络软件开发和应用的公司，并担任该公司的主管技术开发的副总裁。他的同班同学聂建林在校主修计算机科学技术专业，三年级时被推荐到近代物理系杨衍明教授的实验室，从事计算机应用的电路设计和软件开发工作，他的毕业论文题目是"Z80专用机及其开发系统"。杨教授对他的评语是"有扎实的基础知识，很强的接受能力，积极努力做出显著成绩"，杨教授给他的论文成绩为 A^+。

理科学生也是这样。82级少年班施晨阳同学喜欢化学，有很强的自学能力，若按正常的化学类教学计划进行学习，他感到"吃不饱"。在老师帮助下，他在提前选修高年级课程时就被推荐到化学系章吉祥教授的科研组实践。他一边正常跟班学习，一边在实验室搞科研试验，仅1985年一年，他在章教授指导下不仅做了大量的试验，还写了5篇科研论文，其中两篇被推荐到国际学术会议上作交流。施晨阳同学不仅学业成绩优异，而且科研动手能力也很强，最后他提前一年完成大学学业，考取美国罗彻斯特大学攻读化学博士学位[1]。

89级之前，根据学生自愿原则，少年班把学有余力的学生推荐给相关专业的教授，利用业余时间到实验室作老师的帮手并开展实践活动，锻炼他们科研动手能力。到89级、90级，对少年班软件专业的学生，我们开始把"科研实践"作为教学计划的一门正式课程，要求学生在四年级下学期的一个学期内，每周至少要进入实验室作科研实践两整天。这是每个选修"少

---

[1] 辛厚文等：《超常教育学》，人民教育出版社，1991年，第24页。

年班软件"专业的少年班学生和零零班学生都要完成的学习任务，具体实践内容可以由学生在全校范围内自己找教授或者在合肥市内找相关公司完成（实在有困难的学生，可由少年班老师帮助联系）。在91级以后的学生中，我们把"科研实践"课的教学实践活动扩展到少年班负责管理的"数学物理专业"。经过多年的科研实践活动，校内的各个国家实验室和重点学科实验室以及许多教授科研实验室，都成为少年班学生校内科研实践场所。

建立校外科研实践基地

为了给学生创造更多专业实践机会，除了推荐学生到校内各系教授的科研实验室工作外，少年班还引导学生走向社会、走向企业公司、走向校外研究所，接触国内最先进的科研设备，在工程师和研究人员的言传身教下学习先进的生产技术和科研方法，既提高了实际科研动手能力，也有利于培养社交能力和团结互助精神。

利用暑假，少年班有意识地组织学生到北京的中国科学院计算技术研究所、软件研究所、物理研究所、高能物理研究所、理论物理研究所等相关对口研究所参观学习和作毕业论文实践。多年来我们得到了唐稚松院士、曹东启教授、董占球教授、吴志美教授、顾毓清教授、冯玉琳教授和史忠植教授、李国杰院士等专家的大力支持，先后5年连续亲自指导少年班学生毕业论文实践。他们不仅在业务上对学生热情指导，高标准要求，在生活上也给予学生无微不至的关心和帮助。为了减轻学生每天从玉泉路跑中关村工作的时间和精力的负担，他们从自己的科研经费中拿出钱来在中关村租房子给学生住。

少年班学生的表现也得到唐稚松等专家教授的肯定和表扬。唐稚松院士给88级少年班史剑平同学的毕业论文评语是："学习和工作内容达到硕士水平，论文有难度有新思想，对XYZ系统的完成做出了很有意义的贡献，答辩叙述清楚，回答问题正确。"对谢育涛同学论文的评语是："学习和工作内容达到硕士水平，工作超出原定范围，系统有特色，对 XYZ 系统的集成化做出很有意义的贡献，答辩中叙述清楚，回答问题正确。"现在谢育涛同学在微软亚洲研究院（北京）做软件开发工作。史忠植教授对王鲁明毕业论文的评语是："工作处于国内先进水平，论文概念正确，有创新，叙述清楚，基础知识扎实，独立工作能力强，答辩表达清楚，回答问题正确。"对李宁辉的评语是："论文有一定特色，工作处于国内先进水平，论文概念正确，内容完整，条理清晰，有一定创意，基础知识扎实，独立科研工作能力强。"李宁辉同学毕业后到美国继续深造，取得计算机博士学位，现在美国普渡大学(Purdue University)计算机系任教，曾获美国自然科学基金成就奖(NSF Career Award)。

此外，少年班还得到深圳华为技术有限公司的大力支持和帮助。从 1992 年起，该公司连续多年在少年班设立"华为奖学金、奖教金"，还拨专款资助经济困难的学生，以支持少年班办学，这在当时国内各企业中是很少见的。此外，在每年暑期，少年班还组织学生前往深圳到该公司总部参观实习和进行科研实践。这不仅让少年班学生接触到最先进的通讯技术和仪器设备，而且使少年班学生亲眼目睹了深圳改革开放的新成果，进一步提高了学生对国家改革开放政策的认识，增强了团队协作精神。

3　智力和非智力因素协调发展

少年大学生智力发育较早、较快，但身心仍处于少年发展阶段。因此，要把他们培养成为杰出的科学技术人才，必须从其特点出发，加强素质教育。30 年的教育实践表明，对少年大学生进行素质教育的基本问题，就是使其智力和非智力因素协调发展。

逐步树立正确的"三观"

少年大学生大学期间的学习过程，不仅是掌握知识、发展能力的过程，也是正确的世界观、人生观和价值观的形成过程。因此，必须把思想政治教育渗透到教学的各个环节中去，以完善其全面素质，增强其社会责任感和使命感，从而达到业务水平、思想观念、身心素质的全面和谐发展。

少年大学生不仅渴求科学知识，而且十分关心现实，渴望了解社会、理解社会。因此，在对他们进行思想政治教育时，要紧密结合重大现实问题，包括当前我国深化改革中出现的新问题来展开讨论，力求给予实事求是的科学回答，从理论与实践的结合上，在过去、现在和将来的历史发展中，加深对马克思主义科学真理的理解。

思想品德教育课，不能停留在告诉学生"不要这样"、"不要那样"的一些"规则"的要求上，而要用现实生活中所表现出来的活生生的崇高理想和高尚情操去引导学生，只有这样，才能造就一种既守纪律、讲文明又富有创造精神的个性。除此之外，由于少年大学生的年龄小，社会实践太少，大多数人从小就在一个顺利的环境下成长起来的，因此，除了理论学习外，还需要有计划、有目的地引导他们多参加社会实践活动。

重视非智力因素的发展

少年时期是儿童向青年的过渡期，也是个体在生理、心理发展上充满矛盾的时期。少年大学生无论在生理发育或心理发展上，都突破儿童和少年的稳定发展阶段，且比同龄少年发展变化的速度快。这时期，他们半幼稚半成熟、自觉性与幼稚性共存的矛盾表现比较突出。如思维发展独立性、批判性与思维片面性、表面性的矛盾；性器官的成熟与性知识贫乏的矛盾；精力旺盛与控制力不强的矛盾；敢想敢干与能力不足、缺乏理智的矛盾；求知欲望强烈、课程内容增加与思想准备不足、没有掌握科学的思维方法的矛盾；爱说爱动与遵守纪律的矛盾；对生活的高要求与无法满足的矛盾；成人感与孩提身份的矛盾等等，都是明显的例证。成人感与孩提身份这一矛盾，在少年大学生身上表现更为突出。这些少年大学生由于智力超常，提前进入大学学习，开始独立生活，这样必然导致他们心理上的早熟。但他们毕竟还是少年，在思想上、生活上还有许多不成熟的地方。他们往往自视成熟，表现出一副"小大人"的样子。但由于他们没有能够完整地享受少年的美好时光，而较早地进入青年时代的大学学习阶段，致使有些人性格内向、少年老成。少年大学生心理活动的这些缺陷与非智力因素作用有着非常重要的关系，因此，我们在智力研究和智力开发的同时，必须重视非智力因素对少年大学生的作用。

所谓非智力因素，是指智力因素以外的一切心理因素，包括情感因素等。从狭义上讲，非智力因素主要指动机、兴趣、情感、坚强的意志和独立自主的性格。非智力因素在个人成长中的作用也很大，它具有动力、定向、引导、维持、强化等一系列的相互联系的作用。少年大学生如果不具有坚强的意志，一旦出现与他们愿望相反的变化，比如学习繁重时，会导致转移或丧失目标，缺乏主动性和积极性，乃至放弃学习等。如果他们不具有独立的性格，他们在紧张的大学生活中就会感到无所适从。

在其他条件相等情况下，一个人的成功取决于智力因素和非智力因素的综合。如果不注意非智力因素的培养，那么所选拔的这些智力超常少年大学生在事业上不一定都能成功。

思想性与科学性相结合

培养什么人的问题，历来是教育工作的中心问题。即便是西方高校，也很重视对学生进行世界观的教育，特别强调对学生的方法论的教育。法国生理学家贝尔纳对此有深刻的论述："良好的方法能使我们更好地发挥运用天赋的才能，而拙劣的方法则可能阻碍才能的发挥。因此，科学中难能可贵的创造性的才华，由于方法拙劣可能被削弱，甚至被扼杀；而良好的方法则会增大，促进这种才华"。法国天文学家、数学家和物理学家拉普拉斯也曾指出："认识一位天才的研究方法，对于科学的进步，甚至对于他本人的荣誉，并不比发现本身更少用处"。

少年班教育作为社会主义教育的有机组成部分，在其教学过程中，显然既要向学生传授科学知识，又要对学生进行思想政治、道德品质教育。这就是思想性与科学性相结合的教学原则。

少年大学生在认识世界的过程中，必然要对客观世界采取一定的立场、观点和态度。学生在接受前人知识的同时，也必然受到知识中所包含的立场、观点的影响。列宁曾经指出："知识分子接受唯物论和辩证法的主要途径之一，就是通过他们各自的科学业务实践活动"。因此，教师负有培养学生辩证唯物主义世界观和共产主义道德品质的责任。

在教学过程中，教师还要善于揭示蕴藏在各门学科里面的方法论。这里所讲的方法论，主要是指科学认识活动中具有一般意义的方法、手段、活动次序、逻辑构成，科学研究过程的每一个阶段和每一个环节的作用、特点等等。实践证明，科学研究的成效在很大程度上取决于有无正确的研究方法。因此，教师在教学过程中，既要教知识，又要教方法。

在教学过程中，要不断教育学生明确学习目的，端正学习动机。少年大学生都有强烈的学习热情和成才欲望，随着科学技术的飞速发展和整个知识结构层次的深化，少年大学生中追求高层次、高学历的人越来越多。中国科大少年班已毕业的前四届的 145 名学生中，有 109 名被国内外有关单位录取为研究生（其中出国研究生 41 名），占毕业人数的 75%，其中 1985 年考取国内外研究生的达到 100%。在教学过程中，应针对少年大学生这一特点，不断地教育他们明确学习目的。当然，少年大学生的学习动机有积极的一面，也有需要给予正确引导的一面。比如他们偏科偏育，注重智育，轻视德育修养，对某一门科学表现出极大兴趣，而有些课干脆不上，因此，要发挥教师的指导作用，注意利用每门课、每一个教学环节，帮助学生端正学习态度。

人文素质教育

大学阶段是学生深入追求真理、认识社会、世界观初步形成的时期，与中学有很大的不同。学生从中学到大学，有一个适应过程。少年大学生年龄小，如何缩短这一适应过程，就显得比普遍大学生更为重要和迫切。因此，应当根据这些学生的生理、心理和智力特点进行教育，加以引导。为此，少年班主要抓了两点：一是学生进校后便结合"科大校风"的教育，向他们介绍教育史上由于骄傲而失败的所谓"神童"的例子，培养他们谦虚谨慎、脚踏实地、刻苦读书、永攀高峰的作风和决心献身科学的精神。二是针对他们数理化强而人文学科弱的特点，进行知识的填平补缺，给他们开设必修课《中国文学》，选修课《中国近代史》、《世界史》、《美学》、《中国书法》、《逻辑学》、《伦理学》、《外国哲学》、《经济学》、《欧洲哲学史》等等，以及其他一些专题讲座，使他们认识到知识结构的完整对于继续深造、从事科学研究以及未来发展的重要性。

少年大学生社会阅历浅，感性知识少，但智力超常、求知欲高、进取心强，如果仅限于学校目前规定的课程是远远不够的，必须开辟丰富多彩的第二课堂，将第二课堂纳入教学体系，以增加教学的内容和活力。少年班开辟的第二课堂，其内容有文学、写作、艺术欣赏、书法、绘画、摄影、科学动态、新技术进展等各种选修课和知识讲座。少年班曾经多次邀请著名书法家费新我、著名画家韩美林等人为学生作讲座；还组织他们参观科学院的各研究所、工厂、革命根据地、南京长江大桥、紫金山天文台、中山陵等。学校还为少年班开设专门的资料阅览室，根据学生的年龄、兴趣、爱好购买各种各样的图书。如第三期少年班，除了各种选修课、艺术活动之外，仅第一学年的知识讲座就达 20 个。这一切，对于丰富他们的课余生活，拓展他们的知识面，开阔视野，培养兴趣，启迪智慧，活跃思想，陶冶性情，都有着积极的意义。79 级少年班学生任晓东，就是通过参观紫金山天文台，深深地爱上了天文科学。为此他更加发奋攻读，二年级成绩迅速上升，三年级时提前两年考取了紫金山天文台台长关彻研究员的研究生。

加强多方面的社会实践

为了加强学生综合能力的培养，鼓励少年班学生积极参加校内外科研实践等活动，培养学生创新能力和精神，同时也为了加强对学生活动的引导和管理，少年班根据自身情况，以学校有关精神为指导，制定了一些规章，如《少年班学生参加各类比赛获奖奖励暂行办法》、《少年班学生活动经费使用规定》、《综合测评细则》等，引导并鼓励学生参加各种实践活动。

少年班学生利用假期参加社会实践和社会调查，深入社会、认识国情。不少少年班学生义务定期到中学辅导数学和物理课，并向中学生介绍学习方法。近年来学校暑假社会实践论文评选、寒假社会实践论文评选，少年班均获得优异成绩。王子彦、郭旸、胡帅、高洁、孔杰、李振华、刘隽、李衡、周涛、程谦等同学论文均获过奖。获奖论文题目有《关于长江三角洲地区农用土地问题的调查与思考》、《关于传统快餐业与洋快餐业的调查研究》等。还有罗玉山、马超、沈江川等多位同学被学校评为社会实践先进个人。2007 年暑期"三下乡"活动，少年班服务团被学校评为先进集体，多名同学获得先进个人、先进标兵称号。在少年班资料室保存着一本《学生大小论文习作汇编》和《学生社会调查报告汇编》，这是 96 级同学在学习《法律基础》时，当时的任课教师冯江源教授进行课程改革的一个产物。冯江源教授会同学生班主任组织该班 83 名同学集体座谈讨论 8 次，集中和分散参观调查 220 次，全班旁听中级法院审判 2 次，完成司法案例辨析试卷 164 篇，撰写大小论文（大论文要求 5000 字左右，小论文要求 3000 字左右)228篇，社会调查报告32篇。《学生社会调查报告汇编》精选了20篇，内容涉及民法、行政法、经济法、科技法、教育法、环境保护法、知识产权和社会公德教育等，调查范围有上海(9篇)、江苏张家港地区(5篇)、合肥地区(3篇)、吉林(1篇)、湖南(1篇)、黑龙江(1篇)，每篇均有3位调查人，1位执笔人。篇篇资料丰富，文笔生动，富有见地。

除了学生个人或组队进行社会实践、写出调研论文之外，少年班还组织召开由各年级同学参加的社会实践交流会，探讨对当今社会政治、经济、教育等热点、焦点问题的认识和看法。从中共中央的代表大会、税费改革，到整治网吧、校园暴力、高考盲目填报志愿、学校如何在不断变化的社会政经环境中发展等，无不作为讨论的问题。通过对大家关心的热点问题的探讨，学生们开阔了视野、增长了对社会的认识、增强了看待问题的深度和广度，使大家受益颇多。

少年班成人仪式活动开始于1986年春，此后在每年4—5月份均举行一次，一直延续至今。对象是已年满18岁的少年班和零零班的学生。少年班成人仪式并不仅仅是一个仪式，更主要的是对学生的一次教育，也是学生的一次社会实践，目的在于强化少年大学生的公民意识和成人意识，培养他们崇尚科学，追求真知的高尚人格，激发他们为我国的科学事业和经济建设奋斗终生的远大理想。一般发给学生学习材料，并请学校哲社部的教授为学生作法律讲座，还组织学生赴外地举行仪式。

二十多年来举行仪式到过的地方有：革命老区金寨县(烈士陵园)、泾县皖南事变烈士陵园、新四军军部旧址纪念馆、渡江前线、肥东县瑶岗村渡江战役总前委所在地、淮安周总理纪念馆、南京雨花台革命英雄纪念碑、南京大屠杀遇难同胞纪念馆、上海浦东国家海洋极地研究所极地广场。成人仪式活动往往还伴有学生捐款、捐书帮助革命老区困难学生、与中学生进行座谈等内容。如2002年在上海浦东国家海洋极地研究所举行的成人仪式活动，就组织参观"雪龙号"极地考察船、国家海洋局极地研究所展馆、上海华为研究所、中国科大上海研发中心等。

第四章 少年班管理

把智力超常的少年大学生集中编班，进行教学和管理，这是一种新型的高等教育办学模式，在世界教育史上是一种创新。关于如何建立有效的管理模式，我们30年来不断探索，积累了初步经验。本章结合少年班和零零班群体的特点，重点介绍少年班管理模式的若干特征。

1 少年班群体的特点

对于班集体的特征、条件，近几年来在教育学、心理学等理论科学中都有较深刻的概括。例如，近年出版的《教育心理学》对班集体的特征作了这样的概括："集体具备如下必要条件：（1）对共同目标和相互依存性的认识；（2）成员间的相互作用；（3）要有构造；（4）规范的形成与遵守规范的压力"。大学少年班也无例外地具有这些班集体条件。问题是由智力超常少年组成的少年班在组成一个相对稳定的集体后，又存在哪些值得我们注意的特殊情况。

教育理论告诉我们，任何一个班集体的内部各个成员之间常常会出现两种极端的可能性，叫做班级人际关系的两极性，即同学之间的相容性和排斥性。相容性是指每个成员能够积极愉快地适应班集体的生活，每个人与其他成员之间能够相互帮助、相互体谅，从而达到一个团结向上的境界。排斥性是指个人与其他成员甚至集体的冲突对立，导致个人的孤独感和集体的不和谐感上升。

大学少年班是智力超常少年组成的一个特殊班集体。这个班集体由于其组成元素的特殊性，它在班级群体的相容性和排斥性上，又存在着许多与一般班集体不同的地方。

大学少年班的群体内部的相容性表现在：

1. 将这些智力超常且对科学有强烈追求的学生集中到一起后，他们对自己都有较高的要求，有许多共同的兴趣和爱好，把各自的风格和钻研精神带到班集体中，使这个集体形成了浓厚的学习风气，这种环境反过来有助于每个个体的努力向上，也有助于正确认识自己的优点和缺点，从而达到相互促进的目的。

2. 集体成员之间的思想、信念、兴趣爱好的相同，最容易产生心理上的共鸣。心理上的共鸣，会促进相互之间的频繁交往，二者互为因果，形成良性循环。这将有助于整个班在心理上建立起相容性。前苏联有一位心理学家认为："心理相容或不相容是团体、集体工作中的一个重要因素，它在很大程度上决定了事业的成败。"

当然，我们充分认识到少年班班集体相容性及其重要性时，也应看到少年班班集体中存在着不少排斥性。主要表现在以下几个方面：

1. 学习环境变化带来的排斥性。少年大学生入学前往往都是所在中学的尖子学生，他们进入少年班这个特殊的集体后，其中有些人一时相对地成为"落伍者"。在这种新的环境中，他们往往不能正确地对待自己的学习位置，因而产生沮丧情绪，丧失信心，成绩下降，以至于与他人和集体产生排斥性。

2. 学习过程中的排斥性。少年班的特殊性导致其内部学习竞争性很强。少年大学生在激烈的学习竞争中所产生的压力，更加激发他们的学习热情，产生学习的动力，但这种竞争也可能产生非理智的言行，比如嫉妒的增长、信心的丧失等。少年大学生由于先天素质和各方面条件得天独厚，往往把自己看作天之骄子。进入少年班后，为了保持和占有学习优势，有的在学习上表现出排斥性，比如在学习方法、学习内容上持保守的态度，不做学习上的交流，使个人只能局限在自我的圈子里。这种在整个学习过程中缺少交流、讨论、反馈的现象，表现为学习的相斥性，它影响了少年大学生的进一步发展。

在大学少年班的教育实践过程中，我们体会到，这个班集体还是

"利大于弊"。少年班班集体的相容性的主导地位还是明显的。少年大学生提前进入大学阶段，繁重的学习生活以及本科生的生活节奏，可能在学习环境，甚至生理、心理上给他们造成某些压力。因此，要十分注意培养少年班班集体的学习风尚，给他们创造良好的环境，以增强少年大学生的适应能力和相容性。

从上面的分析中可以看到，为了更好地指导和协调少年大学生的学习和生活，充分发挥班集体的积极作用，需要对这种群体的内在规律做深入的研究，并有针对性地选择管理模式和管理方式。

2 少年班管理体制

1978年3月，少年班第一期77级学生入学时，为了加强对这个特殊群体的管理和教育，学校决定将少年班归属教务处，选派专任班主任，直属学校管理。

随着少年班每年招生人数的增加、年级的增多，单独靠班主任管理学生，特别是组织教学等已日显困难。从1983年9月起，学校酝酿成立少年班独立管理机构，配备相关专职管理人员专门负责少年班的教学组织与学生管理教育工作。

经学校党委和校务委员会研究，学校于1984年4月正式决定成立系级建制的少年班管理委员会，全面负责少年班的教学、科研、行政和学生管理，并任命了少年班管理委员会主任、副主任、党支部书记（现为党总支）、办公室主任。少年班的这种管理体制一直延续到现在。

少年班管理委员会自1984年4月成立至今，已历经五届，为少年班办学提供了组织保证、工作便利，使少年班管理更加系统化、规范化。由于少年班没有自己的教师队伍，其教学完全依托全校各院系，因此，少年班管理委员会的工作与各系的管理有较大的不同。少年班管理委员会的主要职能和工作范围大致有如下几项：

教学管理

少年班教学组织、管理一般由少年班管理委员会主任负责，少年班教学秘书（干事）协助。为使少年班教学计划更加科学、合理，学校专门成立了少年班教学委员会，聘请各相关学科的专家、教授，专门负责少年班教学计划的制定、修改。少年班学生的学籍管理和成绩记载由少年班教学秘书负责。

学生管理

由于少年班组织机构和少年班学生的特点，少年班学生的管理、教育工作成为少年班办学的重点和核心。少年班学生管理工作主要由少年班党总支书记负责，各班班主任是学生工作的直接责任人，因而少年班班主任成了少年班管理队伍的主力。为协调各年级班主任的工作，少年班成立了学生工作咨询指导小组，由少年班主要负责人和团总支书记、班主任共同组成。

行政与党务管理

少年班行政管理由少年班管理委员会副主任或办公室主任负责，主要管理少年班的行政事务，如实验室建设、日常管理、招生组织等。为了加强对少年班学生的思想政治教育工作，少年班管理委员会从成立之日起，党、团组织活动就直属学校党委、团委领导。1984年4月，学校成立了少年班直属党支部，2006年，学校党委又决定把少年班直属党支部升格为党总支。少年班管理委员会和少年班党总支虽然是系级建制，但学校赋予了更高的地位，少年班管理委员会主任和党总支书记都参加了学校各学院院长和分党委书记的会议和活动。

少年班研究

为了做好少年班学生的教育管理工作，研究少年班学生的特点、成长教育规律和有效管理方法，学校于 1980 年 5 月 16 日，成立少年班研究组。首任组长由中国科大德高望重的副校长、中国科学院资深院士、物理学家钱临照教授担任。研究组成立后进行过大量的调研工作，撰写了许多有价值的调查报告、研究论文。研究组成员大都参与过由中国科学院心理研究所组织的"全国超常儿童、少年追踪研究协作组"的研究工作，承担了部分追踪研究课题，取得了一些重要研究成果。

3 建立完善班主任制度

少年班学生管理工作是党总支领导下的班主任负责制，班主任对所担任的学生班级负全面管理、教育的责任。

学校的教学活动和学生在校生活大多数是以班级为单位进行的。要使教学活动顺利开展，需要将全班学生组织成为一个目标明确、团结友爱、朝气蓬勃的集体；需要将团支部、班委会干部组织成一个坚强的领导核心；需要与各任课老师联系沟通；对班级中发生的问题，需要有人及时处理教育，并征得家长的支持配合。班主任是这些活动的当然组织者、管理者、教育者。

少年班班主任实行跟班循环制，从大学一年级新生入学、报到开始，到学生毕业离校为止，班主任跟班负责到底。这有利于师生相互了解和感情建立，便于班主任对学生进行长期、系统的教育，提高工作效率和教育效果。

少年班班主任队伍采取专兼结合的办法，除了少年班在编的专职班主任外，还聘请部分政治素质好、工作经验丰富、组织能力强、工作认真负责、热心少年班工作的干部和教师来少年班兼任班主任。这样不仅提高了少年班班主任队伍的质量，也弥补了少年班班主任队伍的不足。

根据少年班学生群体的特殊性，少年班对班主任提出了更高的要求：班主任应政治思想正确，道德品质高尚，具有一定的理论素养，热爱学生，热心班主任工作，有奉献精神，具备较强的组织活动能力和宣传鼓动能力，善于做学生的思想教育和转化工作。班主任工作职责是负责学生的思想政治教育、班级日常管理、学生事务处理、教学文体活动的组织开展等，具体来说有以下几个方面：

1. 加强对学生的思想品德教育、文明素养教育、遵纪守法教育和诚实守信教育。引导学生树立正确的世界观、人生观和价值观，培养学生的集体荣誉感，发扬优良校风、学风，争创优良班风。

2. 熟悉并全面了解每一位学生主要优缺点、爱好、特点，掌握家庭情况，保持与学生密切接触和经常交流，反映学生的意见和呼声，解决学生的实际困难。定期召开班会，尤其要在学生的课余时间深入学生宿舍掌握学生作息情况，坚持早间查课，了解到课情况。

3. 认真参与系班主任例会，不定期召开经验交流会。积极组织并参与成人仪式及其他集体活动。

4. 组织学生积极开展社会实践、勤工助学，引导学生积极参与校园文化建设活动。组织本班学生毕业教育、毕业鉴定工作。

5. 加强学生的党建工作，积极配合党总支做好对入党积极分子的培训和发展工作。

6. 班主任有责任每两周向学生工作负责人、系领导反映学生思想、学习、生活等有关情况，汇报班级工作，提出改进学生管理等各项工作建议。突发事件要及时汇报。

7. 每学期开学三周之内班级要拿出工作计划；学期结束要有工作总结（开学第一周交）。班级日志、班会、班委会、团支部会、各类座谈会等，要有书面记录，毕业时归档。

8. 根据学校建立学生思想、学习、心理、生活、安全等五个预警与援助系统的要求，全面了解学生状况，重点掌握他们中的弱势群体详细情况，建立完整的工作档案，并配合系里及学生工作部门做好弱势群体的教育与援助工作。

9. 对学生"奖、贷、助、补、减"和学生违纪处理提出公正建议和意见，并公平、公正、公开地组织好本班其他各项评奖评优工作以及学校的甲级团支部、优良班级等申报工作。

少年班班主任对所负责的班级及学生个人要负起全面指导的责任，工作可谓千头万绪，千差万别。少年班学生刚入学时年龄较小，他们明显带有中学生的行为特点，班主任应该借鉴中学班主任的管理办法，深入到同学中间，及时了解情况，正确引导、解决同学中存在的问题，使学生尽快养成良好的学习、生活习惯。要像中学一样，要求一年级学生集中在固定教室上自习，并每天检查到课情况。二年级以后，学生对大学生活已比较熟悉，基本适应，可放宽一些要求，除对少数自觉性较差的同学要特别关注外，对多数同学可由其自定学习计划，自选自习教室。三年级以后原则上由学生自行管理，班主任采取点面结合的办法，除了针对全班的面上教育、管理，只对少数需特别关注的同学和比较重大的事情负责，其余则要慢慢放手，由学生干部和同学自行处理。班主任要在三年级时完成由班主任管理到由学生自我管理为主的过渡、转换。

班主任要根据自己了解的学生情况、特点，结合大学的培养目标、要求，制定出尽可能完整的工作计划。工作计划可分为年级计划、学期计划、月计划和周计划。年级计划是针对学生从入学到毕业的工作计划，班主任要根据学校的总体工作安排，根据各个不同学年、学期的工作侧重点，列出自己不同阶段的工作计划，如一年级要着重抓好学校各项规章制度的学习、组织纪律和集体观念教育，使学生培养成良好的学习和生活习惯，尽快适应大学生活。二年级要指导学生根据自己的特点、爱好，选择适合自己的学科专业，加强对班级学生干部和积极分子的培养，引导团员和学生积极参加学校的业余党校学习，为组织发展做准备；要防止学生松懈情绪的出现，减少学生分化影响，避免个别学生出现大面积不及格课程。三年级时要引导学生正确处理课程学习和参加出国英语考试的关系，减少因参加出国英语考试而对课程学习的影响，同时要鼓励学生积极参加课余学生科技活动、大学生研究计划，提前下实验室参加老师的科研活动，到中国科学院各研究所参加暑期科研实践活动。四年级时要引导学生正确选择是申请出国留学，还是在国内保研、考研、就业，并认真进行相应准备。三、四年级了，学生的心理、生理开始成熟，部分学生会出现恋爱现象，班主任应给以足够重视，防止因感情问题而影响情绪、影响学习。

少年班的大一管理尤其关键。大学一年级是少年班学生从中学到大学的过渡阶段，是他们人生的一个重要转折点。少年班学生年龄小，独立生活能力和自控能力较差，而入学后一切事务均要靠自己独立处理，他们中的不少人由于缺乏这方面的训练，会感到手忙脚乱；离家后对亲人的思念也会加重他们焦虑的心情。大学教学方式的不同，学习上的不适应，学习成绩的分化和名次的重新排序，会使他们更加不安。班主任首先要抓好对新生的入学教育，给他们介绍大学生活的特点，与中学生活的不同点，入学后可能会遇到的问题及处理办法。对少数同学的关心，在生活上要细到如何换衣洗衣，生活费用如何管理使用，吃饭如何注意多样性和营养搭配；在学习上，要指导他们遵循基本的学习程序和方法，通过预习、听课、复习、完成作业、阶段总结五个环节，把握好主要课程的学习。

近年来网吧及网络游戏对大学低年级学生的诱惑和影响非常严重，不少学生成为网吧的常客，网络游戏的高手，网瘾的重度受害者。一些一时不能适应大学生活的同学，往往成了网吧的俘虏。一旦有人成为网瘾者，班主任的转化工作就不是短期所能完成的了。

一年级，也是少年大学生最富于理想的时候，几乎每个人都在憧憬未来，想像自己能出国留学或国内读研，成为未来的科学家、高级科技人员等。班主任对其要善于帮助学生树立远大志向，把崇高理想与平时的实际努力结合起来，使理想通过自己的艰苦努力成为现实。少年班学生的远大志向和自信心、进取精神，是非常优秀的心理素质，是引导激励他们艰苦奋斗的精神支柱和力量源泉，也是他们以后获得成功的持久的内驱力。

要做好少年班学生的教育、管理工作，仅靠班主任自己单枪匹马、孤军作战是不够的，班主任要努力争取任课老师、学生家长及校系领导、高年级同学的力量，协同做好学生的教育管理工作。

4 综合测评与量化管理

综合测评与量化管理是一项在少年班实行了二十多年的对学生的考评管理办法，从1986年开始在少年班的试行，到目前全校的推广使用，显示了该测评办法的科学性与合理性。现在全国高校都普遍采用综合测评的办法，也说明当年少年班试行的测评办法是先进的，与国内高校的管理改革是接轨的。

量化综合测评的目的是为了更科学、客观、公正、准确地评价一个学生，引导学生平时严格要求自己，注意德、智、体的全面发展，使学生成为国家和人民所需要的优秀建设者、接班人。

量化综合测评方法的实质，就是把不太好评价的学生的平时表现量化成与学习成绩可类比的积分，按不同的比例组合成一个总积分，由总积分的高低来评价一个学生的优劣。平时表现分的量化计算较复杂一些，主要体现在思想品德、人际关系、社会工作、组织纪律、卫生考核、课余活动方面。平时表现的量化分一般占测评总分的1/4左右。

少年班实行量化综合测评已经22年，尽管中间对测评条件、分数有过一些修正，但本质上没有大的变化，得到少年班学生的普遍认同，对学生的平时表现起到良好的促进作用。同时，也促使班主任加强对学生情况的了解和数据资料的记载、积累，促进了班主任工作的开展。

班主任要充分利用量化综合测评的方法,对学生进行有效的管理,促进他们的全面发展。

5 少年班与零零班统一管理

零零班学生进校后与少年班学生一起统一管理、统一编班,同班上课、同室住宿、同一教学模式培养。多年来的教育实践表明,少年班与零零班统一管理模式切实可行,充分显示了优势互补的群体效应。

心理学认为,在特定环境的教育与引导下,人与人之间越是有相似之处,就越能相互吸引,产生群体效应。报考中国科大少年班的学生,要求是16周岁以下的非应届高中生,最小的只有11-12岁。而零零班学生年龄要比少年班学生大3-4岁。少年班与零零班的学生统一编班、统一管理,虽然他们之间年龄相差几岁,但他们的思想信念、聪明才智、兴趣爱好、渴求知识和进取精神是相近的。将他们混合编班,也最易产生心理共鸣、和谐相容和奋发向上的群体效应。

少年班学生记忆力好,思维敏捷,求知欲强,听课效率高,能用较少的时间接受比一般人更多的知识。由于少年班学生年龄小,他们在思考和研究某一学术问题时受外界因素干扰较小,往往能够提供更直接、更切中主题的思路。一位多年担任少年班学生导师的资深教授曾这样评价:少年班学生经过扎实的基础课学习后,进入从事实验等操作性研究时,他们优势更加明显,特别是勇于创新、敢于探索新的理论、方法和技术,及其较强的实践动手能力,他们往往会很快脱颖而出。这对零零班的学生开拓思维、勇于创新,也起到了潜移默化的促进作用。零零班同学深有感触地说:能结识中国最优秀的少年大学生,一起学习生活,备感自豪,也觉得自己更年轻了。

零零班学生专业基础与系统教育要优于少年班学生。尤其是独立生活能力、自控能力、人际交往、处事经验等,是值得少年班学生学习的。一位少年班学生在谈到自己与零零班大哥大姐们一起学习生活的感受时认为:"零零班同学心智、年龄比我们少年班同学成熟,他们积极向上的人生态度,使我们尽快地适应大学的学习生活环境,保持了健康自信的心理状态;是他们踏实稳重的做事风格、严谨的学习态度,让我们有了更加明确的学习目标。当我们学习和生活上遇到困难时,是零零班同学给予无私的帮助;遇到烦恼郁闷时,他们给予了耐心的开导。"

大学里,学习科学知识固然非常重要,但是成长的过程中领悟学习方法、学会做人做学问,是少年班培养教育的重要环节。

零零班学生的经历较为丰富,他们思想相对成熟、办事相对稳重,进校后大多数同学已有明确的学习目标,把自己的日常生活、学习安排得有条有理,除了完成学业外,他们还会积极参与学校和少年班的各类集体活动,培养锻炼自己的综合能力,这些都带给少年班学生难得的影响。

少年班与零零班混合编班,在学习方面的优势互补也非常明显。少年班学生冯某某被该年级同学称为"大牛人",他和零零班于某某大学四年一直同住一宿舍,在学习生活上,一直是相互帮助、相互影响,本科期间一起发表论文。在班上一位是班长,一位是学习委员,他们热心为同学服务,共同进步,得到老师和同学们的一致好评,两人学习成绩在班级中始终名列前茅,他们还一起参加美国大学生数学建模型竞赛并双双获奖。毕业时,一位获得中国科大本科生最高荣誉奖"郭沫若奖学金",一位获得了"三星奖学金",又一起分赴美国哥伦比亚大学、斯坦福大学继续深造。大学四年,他们各自从对方身上学到了很多东西。又如少年班许某某在中学时就喜欢上网,进入大学后,对于相对松散的大学管理不太适应,逐渐沉溺于网络游戏不能自拔,班主任老师在采取了一系列教育转变措施均不见效的情况下,安排零零班同学朱某某(中共党员)与其结对,让他们在一起同住宿、同学习、同活动,在日常学习生活中全程影响帮助。功夫不负有心人,在朱某某的带动影响下,许某某在办理了试读手续后,戒掉了网瘾,并在一个学期内修满49个学分，终于在毕业前又跳级回到原来年级和同学们一起毕业，同时还在当年考取了本校硕士研究生。这样的例子在少年班的育人过程中比比皆是。正是同学间的相互帮助、优势互补，促进了少年班整体素质的提高和同学们的共同进步。

多年来，这个特殊群体植根于中国科大少年班这块肥沃的土壤，再加上整体的相容性与内驱力，使得同学们勤奋学习，相互促进，热爱科学，勇于创新，学习风气浓厚，学业表现喜人。少年班学生积极参加各类课外科技活动，所获奖项不胜枚举，如美国大学生数学建模竞赛特等奖、科大机器人比赛特等奖、全国"CCTV"英语演讲大赛特等奖、全国大学生数学竞赛全国个人冠军等等。多年来，在中国科大传统的数理化信息学科竞赛中少年班学生基本囊括数理一、二等奖，在各次中国科大"华为杯"学生科技创新竞赛中，少年班同学所获奖项也经常占全校奖项的大多数。如1994年7月，91级少年班组队参加1994年全国大学生"华晨杯"数学竞赛，与全国高校数学专业的选手一较高低，获得团体第二名（团体第一名为中国科大数学系），刘湘伟同学获得个人第二名。1995年7月，92级少年班组队参加此项赛事，结果仍为团体第二名（团体第一名为南开大学数学系），蒋晓伟同学获得全国个人冠军。1997年5月中国科大首次参加"北美精算师考试"，93级少年班学生张俊妮和94少年班学生高洁两位女生获得一等奖（全球总共只有6个一等奖）。1994年2月少年班学生首次参加美国大学生数学建模竞赛，即获一等奖。1996年2月92级少年班同学黄春峰、王海涛与一位物理系同学组队参加该赛，获得了我国自1989年组队参加此竞赛以来的首个特等奖。1999年校教务处一则教学简报有如下报道："1999年美国大学生数学建模竞赛于今年2月5至8日举行。我校组织了6个队参赛。竞赛结果已经揭晓，我校再次获得优异成绩：两个队获一等奖，三个队获二等奖。我校6个参赛队是由6名教练共同组织和训练出来的，这6名教练：杜政、周靖人、赖隽文、徐清清、高洁、郭去疾，（引者注：除了杜政以外）都来自94少年班，其中杜政、赖隽文现在分别是6系和11系的研究生。获一等奖的队员是：卢延云、赵宏、王子扬、卢越峰、江涌、罗轶凡，他们都是95少年班的学生。获得二等奖的队员：戎锋、洪泉、吴树峰（9511）、万千、刘衍文、宋志伟（96少年班）、郑行、吴韵楠、许继征，其中没有注明班级的都是来自95少年班的"。美国大学生数学建模竞赛逐渐成了少年班同学的传统赛事。据不完全统计，1994年2月至2007年2月，十余年间，少年班同学参加美国大学生数学建模竞赛获一等奖的超过30人次。

少年班学生在课业学习之余，往往爱好广泛，朝气蓬勃。少年班人数在整个中国科大所占的比例并不高，但在文体活动方面却表现非常突出，所获奖项亦是不胜枚举。如学校"一二·九"大合唱第一名、校辩论赛第一名、校"雏鹰杯"足球赛冠军、校篮球赛女子组比赛冠军、"科大杯"乒乓球比赛男子团体冠军、全国大学生"亚洲杯"围棋赛团体亚军、"信利杯"科技智力知识竞赛全国总冠军。很多人对第一期学生江凤同学在1981年4月校运会上的惊人一跃记忆犹新，时至今日，她还是中国科大女子跳高纪录的保持者。

少年班在读学生里曾有过学校文学社、诗社、话剧社、棋社等多位社长。现在哈佛的孟胜同学本科在读期间曾出过诗集，并创办文学社。郑文妮同学多年担任学校教工合唱团的钢琴伴奏，广受好评。01级胡波同学本科期间曾在《物理评论快报》发表论文，他同时也是学校"树之"演艺社的社长、"中国科大学生艺术团"曲艺团团长，他组织制作的《非典时期的友情、爱情、亲情》公益短片，参加了安徽电视台主办的首届DV公益广告大赛，在安徽电视台公映。00级周涛同学科研方面的勤奋多产令人佩服，他本科期间在图论、随机自适应算法、智能信息处理、经济物理学、复杂网络等方面发表论文15篇，而他的多才多艺更是给每一位认识他的老师和同学留下了深刻印象。周涛同学曾获"信利杯"科技智力竞赛全国总决赛冠军、数学建模比赛全国一等奖和美国赛二等奖、国际大学生程序设计大赛亚洲区预选赛第四名、"诺基亚"科技畅想论文类比赛全国总决赛优胜奖等多项国际、全国奖，以及中国科大数理化信息竞赛物理专业组第二名、"华为杯"科技论文竞赛一等奖等多项校内奖项。同时他积极参加各种文艺体育活动，是学校辩论队、象棋队和围棋队成员，并发表中篇小说、短篇小说和随笔若干，曾获全国大专辩论赛华东区冠军及总决赛三等奖、安徽省"雪花杯"辩论赛最佳辩手和"美孚杯"辩论赛冠军以及合肥市高校象棋赛个人冠军和团体冠军，还曾获校运会800米跑第三名、1500米跑第三名等，展现了科学与艺术联姻的培养优势和成长历程。

6 少年班的激励机制

良好的激励，对于促进少年班学生奋发向上具有重要意义。少年班利用学校激励制度，辅之以少年班自身激励措施，有效地调动了学生的积极性和上进心。

学校奖、贷、助、勤、补

学校利用国家拨款和社会各界（包括海内外企业单位、团体和个人）捐资，设立了优秀学生奖学金和专项奖学金。优秀学生奖学金设金奖、银奖与铜奖三个等级。专项奖学金有学校以首任校长命名的"郭沫若奖学金"等四十余项之多。这些奖学金面向全校德、智、体全面发展的品学兼优学生，获奖面大约占在校学生数的38%左右。大一新生，根据当年入学成绩，成绩优异者给予奖励，奖金额度最高达万元以上。少年班、零零班大一新生每年在全国各地市高考中，总分大多名列前茅，每年零零班学生获奖面占100%。少年班一年级新生也不例外，尽管他们年龄较小，大多是高一、高二学生，但每年高考在所在地市也小有名气，高考成绩也很优秀，每年获奖面都在50%以上。

学校还设立绿色通道，使得家庭经济困难学生可以顺利入学。这些学生可及时办理助学贷款，学校另为他们提供勤工俭学机会，并给予生活补助，保障贫困大学生顺利完成学业，健康成才。

少年班激励项目

为了使少年班与零零班学生得到好的教育与激励，在学校设立奖学金激励机制的基础上，少年班管委会结合自身学生实际，研究制定了系级奖励办法。如：

1.《少年班学生综合测评实施细则》对学生在校德、智、体诸方面表现进行量化综合测评。根据本细则，我们对综合测评总分突出者进行综合奖励，单项突出者给予单项奖。

2.《少年班学生参加各类比赛奖励办法》明确：对参与国际、国家、学校和系级各类社会实践、科技竞赛和文体活动等方面获得优异成绩的团体和个人给予奖励。

3. 从2005年起，少年班校友为少年班设立资助学金。少年班管委会会同校友共同制订了《少年班校友奖助学金条例》。

在学业上，学生在校表现好，学习勤奋，成绩优良者可直接推荐免试研究生。

坚持表扬为主的激励育人方法

少年班全体工作人员，特别是各班级的辅导员、班主任，心中都有一个"让每个学生都成才"的大目标与责任心。在育人的方法上，大家都认为"成才是表扬出来的，不是批评出来的"。在日常思想教育与行政管理工作中，大家都坚持正面教育、坚持表扬为主的激励育人方法。这种激励育人方法，渗透到课堂教学、各类会议和个别谈心中，渗透到学生生活学习的每一个具体活动之中。

从少年班开办至今，在少年班全体工作人员中，没有一人随意批评学生。即使个别学生违反校纪校规，班主任、辅导员也以大爱之心，从主观教育缺失角度教育激励学生。在少年班整个育人过程中，始终充满着表扬激励、奋发向上的积极而和谐的气氛。

总之，少年班的激励机制比较完善。在少年班就读的各年级学生都能受到精神与物质的奖励，有的可获校系双重奖励，德、智、体全面发展的优秀学生，能获得郭沫若奖学金、三好学生荣誉称号与奖金，以及张宗植专项奖学金等。在科技创新方面，有所研究、有所创新者可获科技创新奖；优秀学生干部、文体标兵、文明班级、文明宿舍等，也分别设有奖项。这些对少年班良好学风的形成、人才迅速的成长，都起着非常好的促进作用。

第五章　人才培养成果

截至目前，少年班共招收31期学生总计1220人，已毕业1027人。零零班招收22期总计1032人，已毕业766人。在少年班毕业生中，有90%以上考取国内外研究生，培养出一批年轻的国内外著名高等学府的博士和教授。他们在科技事业上崭露头角，初步实现了少年班的早出人才、出高质量人才的办学目标。根据现有不完全的资料，本章对少年班30年来的人才培养成果进行综述。

1　毕业生90%以上考取了国内外研究生

按照少年班的培养目标和培养模式，本科毕业时，学生应该具有扎实的数理基础和良好的科学素养，具备成长为一流科学技术人才的基本条件，为进一步深造和科研创新打好基础。为此，少年班毕业生继续求学深造的愿望十分强烈。历届少年班毕业生到国内外教育科研机构继续深造的比例平均超过90%。

在上世纪80和90年代，全国大多数重点大学的研究生录取比例在10%左右，而中国科大少年班毕业当年考取国内外研究生的比例高达80%，有的年级如80级少年班学生毕业时100%考取国内外研究生。在1978–1987年前十届少年班学生中，还有38%的学生提前一年毕业并考取研究生。在由李政道教授发起的1979–1988年中美联合招收赴美研究生考试(CUSPEA)中，全国共选拔了915人推荐出国，中国科大学生共考取222人（没有计入从科大毕业后在外单位考取的校友）。少年班学生从1981年开始才参加此项选拔，在8年中共考取41人，其中进入全国总分前5名的有7人。此外，少年班学生还有考取生物、化学的中美联合研究生招收赴美研究生(CUSBEA、

CUSCHEA）17名。

前十届少年班共毕业432人，他们根据兴趣和自身条件，瞄准科学技术前沿领域，或者在毕业当年考取研究生，或者工作后继续努力考研。跟踪统计表明，总共有87%的毕业生考上研究生，其中最终出国留学的约占80%。留学的295人之中，约180名毕业生是在国内工作或完成硕士学位后，出国继续攻读博士学位。这主要是因为二十多年前国内研究生教育尤其是博士学位教育还没有大规模发展，少年班学生为追求更高的目标、进入科学技术前沿，选择出国留学是顺理成章的。统计数据还可以看出：前十届少年班毕业生的60%最终获得了博士学位（其中92%的博士学位是在国外获得的），27%最终获得硕士学位。另一方面，这期间的少年班毕业生，约60%选择物理、化学、生命科学、数学等基础科学研究作为自己的专业方向，38%选择电子信息工程、计算机科学技术等高新技术领域作为自己的专业，充分体现了当时的社会潮流和他们追求卓越的精神。

1993–1998年毕业的少年班学生（包括零零班）共有378人，毕业当年考取国内外研究生的比例达到92%，其中44%赴国外求学。从中可以看出随着我国研究生教育事业的蓬勃发展，越来越多的少年班学生选择在国内继续完成自己的学业。在这些毕业生当中，选择物理、化学、生命科学、数学等基础科学研究作为自己专业方向的占45%，选择信息和计算机科学技术的占43%，其他12%则选择工程、管理等专业领域，这表明随着社会经济的进步，人们的观念发生转变，更多的少年班学生不是随社会潮流而是按照自己的兴趣选择专业。另一方面，最近9年来，选择数学、物理等基础学科领域的少年班学生越来越多，相对于选择热门专业，他们更看重大学期间接受良好的科学训练，为自己终生学习做好准备。

由于还有很多少年班毕业生还在继续求学，我们对1983–1998年毕业的全部810名少年班、零零班毕业10年以上学生（其中少年班毕业生共590人）进行了问卷调查，了解到761人（约占总人数的94%）的最终学位信息。在这761人中，获得硕士学位的有207人，占 27%。有 475 人取得了博士学位（其中少年班获博士学位的有 346 名），占目前已知学位数的 62.4%，其中国内博士占 12%，国外博士占 88%。他们取得博士学位的平均年龄为 27.3 岁（含一些工作几年以后继续深造获得博士学位的）。91 级少年班学生蔡天西 1999 年 5 月在哈佛大学取得博士学位时年仅 21 岁，是获得博士学位年龄最小的少年班毕业生。78 级的谢旻在 23 岁时成为瑞典利彻平大学历史上最年轻的博士。

2 培养了一批年轻的教授，在科技事业上做出了重要的贡献

从创办开始，少年班就以培养高端科技人才为目标，开展教育教学工作。统计表明，工作在科学研究领域的少年班毕业生普遍取得突出的成绩。

近期，少年班对毕业超过 10 年的学生进行了跟踪调查，据不完全统计，约 18% 的毕业生工作在国内外的教育科研领域，他们当中已有 120 名以上的校友取得了国内外教授职位。陈永聪（78 级）30 岁时破格晋升为中国科大正教授；姚新（78 级）36 岁时出任英国伯明翰大学计算机系首席教授；钟扬（79 级）32 岁破格晋升为中国科学院武汉植物研究所研究员；王力军(81 级)36 岁时出任德国埃朗根－纽伦堡大学首席教授和德国马普学会光学信息及光子学研究所所长；骆利群（81 级）38 岁时出任美国斯坦福大学正教授；卢征天（82 级）36 岁时出任美国芝加哥大学正教授；邵中（83 级）34 岁时出任美国耶鲁大学正教授；王伟强（84 级）36 岁时出任美国弗吉尼亚大学正教授；吕忠林（85 级）36 岁时出任美国南加州大学讲席教授；庄小威（87 级）34 岁时出任美国哈佛大学正教授；熊伟（89 级）33 岁时出任美国普林斯顿大学正教授；周崇武（89 级）32 岁时出任美国南加州大学终身教授；蔡天西（91 级）出任美国哈佛大学终身教授时年

仅28岁；饶恒毅（92级）29岁时出任中山大学教授；刘磊（95级）29岁时出任清华大学化学系教授。

西方大学体制中，大学教职（助理教授以上）每一个位置的竞争都异常激烈，作为外国人要想在大学里谋求一个终身职位更加困难。据不完全统计，中国科大少年班校友在国外担任教职（助理教授以上）的已达98人，其中88级少年班、零零班一个年级就达12人（占当年该年级总人数72人的1/6）。从第一期开始，一直到95级，少年班每个年级都已有在国外名校取得教职的校友，与当年在少年班学习一样，他们的表现同样令人惊讶。年龄在40岁左右、毕业约20年的少年班毕业生中，许多人已经成为国际顶尖的科学家。他们当中入选IEEE（电气与电子工程师协会）Fellow的有3人（张亚勤、姚新、谢旻），入选美国物理学会会士的有3人（涂予海、王海林、卢征天），还有人当选马普学会会士、美国医疗信息科学院Fellow、美国光学学会Fellow。他们当中有多人分别获得海外华人物理学会优秀青年科学家奖、新加坡李光耀顶尖科研奖、美国Sloan研究奖、青年科学家总统奖（PECASE奖）、杰出青年电子工程师奖、国家自然基金成就奖、材料学会青年科学家奖、Parkard科学和工程奖等众多国际知名大奖，超过20人在西方一流研究型大学任正教授。

毕业10年以上、年龄三十余岁的少年班毕业生，许多人已经获得国际一流大学的终身教职，已经成长为国际一流科学家。87级庄小威，2006年34岁时成为哈佛大学化学与化学生物系、物理系双聘正教授，她还是美国霍华德·休斯医学研究会（HHMI）研究员，国家自然基金成就奖、Sloan研究奖、Beckman青年科学家奖和Searle学者奖、美国MacArthur"天才奖"的获得者。90级李巨，现年32岁，在宾西法尼亚大学材料科学与工程系担任副教授，2005年获美国青年科学家总统奖，2006年获得美国材料学会（MRS）2006年度青年科学家奖，2007年再获世界创新基金会会士称号等大奖。95级陈一昕，2005年24岁时开始在华盛顿大学计算机系担任助理教授，近年来连获一系列国际性大奖：2003年获由美国成就学院颁发的全美计算机科学杰出人才奖，2004和2006年连续两次获得国际人工智能规划竞赛第一名，2006年获美国能源部青年学者奖，新近又荣获美国微软青年教授奖。96级尹希，2006年22岁时获哈佛大学博士和Junior Fellow of Harvard，留在哈佛大学继续他的博士后研究工作。这个年龄段的少年班毕业生，在国外一流研究型大学有终身教职的超过70人。

　　工作在国内科研教育领域的少年班毕业生同样取得了骄人的成绩，任正教授、研究员的人数超过20人，许多人同时入选中国科学院"百人计划"、获得国家杰出青年基金。78级翁征宇是清华首位"杨振宁讲座教授"；周逸峰现任中国科大生命科学学院教授，是有突出贡献的中国学位获得者；79级冯珑珑是中国科学院紫金山天文台"星系和宇宙学研究"团组首席研究员，入选中国科学院"百人计划"；79级钟扬现任复旦生命科学学院常务副院长；79级曹辉宁现任长江商学院教授、金融中心主任；80级袁睿翕是清华大学"百人计划"入选者、自动化系的特聘教授；82级张愚是北京市宣武医院教授、细胞治疗中心主任；84级张健为国家杰出青年科学基金获得者，现任中国科学院软件研究所研究员、博士生导师、所长助理，曾担任多年的中国科学院计算机科学重点实验室主任；85级杨青现任中国科学院自动化研究所研究员，2004年入选中国科学院"百人计划"；85级杜江峰现任中国科大近代物理系与合肥微尺度物质科学国家实验室教授，国家杰出青年科学基金获得者，国家973项目首席科学家，新近又入选教育部"长江学者计划"特聘教授、"新世纪百千万人才工程"国家级人选；88级倪四道现任中国科大地球与空间科学学院教授，中国科学院"百人计划"入选者，国家杰出青年科学基金获得者，新近又入选教育部"长江学者计划"特聘教授、"新世纪百千万人才工程"国家级人选；92级饶恒毅现任中山大学心理学教授，中山大学附属第一医院神经科特聘专家；95级刘磊现任清华大学化学系教授；95级李震宇是全国百篇优秀博士论文奖获得者，中国科大合肥微尺度物质科学国家实验室副教授等。

3 数百人进入世界 500 强企业，并发挥重要作用

毕业 10 年以上的 810 名少年班、零零班学生，除了不少工作在科学研究领域，更多的工作在 IT、金融、制造、媒体、生物医药等社会经济各领域。得益于早期少年班教育提供的良好科学训练和综合素质培养，他们在各个领域都有极强的适应能力和开拓能力。

通过对工作在工商社会各界毕业 10 年以上 810 名毕业生中的 656 人按每个年级人数的 65%（总共 426 人）进行抽样跟踪调查，了解到 348 人（约占被调查数的 81.7%）目前的工作情况，他们的工作领域主要分布在 IT、金融、制造业等领域。其中在 IBM、Intel、微软、杜邦这样的世界 500 强企业就职的人数为 149 人，许多人在这些企业担任重要职位；根据统计推断，毕业 10 年以上的 810 人中约有 35% 的毕业生在世界 500 强企业就职。工作在国内 IT、制造、传媒等行业的少年班毕业生 88 人。工作在华尔街等金融领域像高盛、花旗银行、德意志银行的少年班毕业生超过 62 人。有 10 人工作在国内银行、证券行业。另有 25 人工作在国外政府机构和各种企业，14 人在自主创业的道路上有所成就。

投身工商界的少年班毕业生中，许多人已经为社会经济发展做出了重大贡献。据不完全统计，在国内工商社会各界工作的杰出毕业生有：78 级郭元林，现任紫光集团总裁；78 级高峰，德意志银行中国分行董事、总经理；78 级王凯宁，现任易保网络技术首席架构师兼研发部总经理；79 级伍晓东，斯坦福大学电子工程博士，现任北京梦联信通总裁；81 级王维勇，现任华润万家有限公司副总裁；82 级刘中青，IDG 技术创业投资基金副总裁；82 级岳军，现任深圳美杰咨询公司总经理；82 级李俊杰，美国斯坦福大学经济和法律双料博士，现任 Netdao Inc.（网道）首席执行官；82 级施晨阳，现任上海昂睿投资公司董事总裁和德国 QIAGEN 公司亚洲总裁；83 级陈晓薇，匹兹堡大学生物化学博士，加州大学人类遗传博士后，曾任中央

电视台4套Sunday Topics节目主持人，现任中华网China.com总经理；83级付国兵，巨龙信息技术有限责任公司执行董事；84级薛峰，1995-2000年任用友软件集团董事副总裁、产品总监、产品总设计师等，现任TurboCRM信息科技公司董事长；84级袁超，现任深圳聚奎鑫投资咨询公司董事长；84级曾静华，现任宣榕公司董事长；84级黄沁，美国MIT（麻省理工学院）91年度优秀学生和ECE硕士，24岁成为华尔街Prudential证券公司最年轻的高级副总裁，1996年任德意志银行亚洲分行董事，1999年创建教育网站，现任香港诚信资本有限公司董事长兼首席执行官；84级李鲲，现任TurboCRM信息科技公司产品总监，他们当年都是第一期软件班的学生；84级范少军，现任深圳照华科技有限公司总经理；84级蒋继宁，现任网大（中国）有限公司总裁，深圳教育国际交流学院董事长；85级李逊，WebEx Inc.创始人和副总裁，影片《好奇害死猫》的联合出品人；85级聂建林和郑天舒，在深圳创办了蓝讯技术有限公司；87级万飚，华为WCDMA产品线总监；87级叶一火，现任宝利通公司总裁；87级李俊凌，曾任麦肯锡（中国）公司咨询顾问，现任阿里巴巴公司副总裁、中国雅虎新媒体事业部总经理；87级王利锋，现任北京万方幸星数码科技有限公司总裁；89级李昊，中国光彩事业农业信息网络公司首席技术执行官、副总裁；89级陈春，BlueRun创投基金中国区投资总监；90级郑小立，创维集团信息中心总监；90级王艳红，新华社主任编辑；91级许振东，现任深圳先宇天成公司总经理；等等。

在海外工作的少年班毕业生，在激烈的国际竞争中凭借自己出色的才能牢牢站稳脚跟，做出了出色的成绩。其中多数人像季力(79级)、涂予海(83级)（IBM Watson研究院研究员）一样在国际一流企业担任高级研究人员。也有不少人出任国际企业的高级管理人员，像80级邵敏现任Fair Isaac公司的高级副总裁，83级王江洪现任GE Energy Financial Services战略营销副总裁，86级李舸是美国安培托里斯公司（美国第二大采购软件系统供应商）的原始股东和两大创始人之一。

还有一大批出色的少年班毕业生活跃在国际金融界。如78级陈雷，现任花旗环球金融亚洲有限公司董事；83级陈瀚洋，现任伦敦Royal Bank of Capital Market的部门总裁；83级黄河，现任Susquehanna International Group（SIG）投资策略师（Investment Strategist），他同时是Association of Chinese Finance Professional of USA创始人和执行副会长，Chinese Economist Society（USA）理事；84级陈一栋，现任美国贝恩斯坦公司（Bear Stearns）总裁；84级赵金魁，现任美国JP Morgan Chase的副总裁；84级骆小春，现任美国汇丰银行高级副总裁；85级蔡天武和86级杨竞霜，目前都是美国高盛公司（Goldman Sachs, Co.）副总裁；87级王川，曾经是BN3 Communications公司创办人之一，2002年在美国创办房贷金融公司Marvel Financial Inc.；89级居雄伟，在千禧年基金公司管理数亿美元仓位的股票投资，现为该对冲基金的董事、总经理和资深基金经理。

近9年毕业的少年班学生，也有人在国内企业界崭露头角。例如95级的张福新，毕业后加入中国科学院计算技术研究所龙芯研究小组，现在是江苏梦兰集团龙芯产业化基地研发中心主任，中科龙梦科技有限公司（中国科学院龙芯产业化基地）总经理。张福新博士还是2005年度"常熟市十大杰出青年"，2006年度"苏州市十大杰出青年"，2007年荣膺"江苏十大杰出青年"称号、"中国科学院十大杰出青年"称号。

4 学成回国者越来越多

随着国内社会经济的蓬勃发展，越来越多的少年班毕业生学成归国，投身祖国建设事业。毕业10年以上的少年班学生在国内教育研究领域工作的55人中，有17人是在国外获得博士学位后回国的，其他的大多数都有在国外工作的经历。像清华大学首位"杨振宁讲座教授"翁征宇；中国科学院紫金山天文台研究员、中国科学院"百人计划"珑珑；复旦生命科学院常务副院长钟杨；长江商学院教授、金融中心主任曹辉宁；清华大学自动化系特聘教授袁睿翕；中国科学院自动化研究所研究员、中国科学院"百人计划"入选者杨青；中国科大地球与空间科学学院教授、"长江学者计划"特聘教授倪四道等等，都是在国外获得学位后回国，成为国内科研教育战线的领头人。近几年毕业的少年班学生，也陆续有人在工作学习后回国服务，比如清华大学化学系特聘教授刘磊（95级），是在哥伦比亚大学化学系获得博士学位，并在美国Scripps研究所从事博士后研究后回国的；中国科大合肥微尺度物质科学国家实验室副教授李震宇（95级），是在美国马里兰大学、加州大学欧文分校从事博士后研究后回国工作的。

在对毕业10年以上的少年班学生的抽样跟踪调查中我们还发现，工作在国内IT、制造、金融、传媒等行业的少年班毕业生98人中，有20人是在国外获得学位并工作数年后回国效力的。他们充分利用了国外的教育、国外的资金和国外的技术，为中国服务。78级的高峰和王凯宁，都是在美国获得博士学位并工作数年后回国，一个任德意志银行上海分行行长，一个现任易保网络技术首席架构师兼研发部总经理；79级伍晓东，是斯坦福大学电子工程博士，在施乐公司从事数年研发工作后回国创业，现任北京梦联信通总裁；82级施晨阳，在美国获得学位，并在硅谷创业、融资，取得不俗成绩后，回国创办上海昂睿投资公司并出任董事、总裁；83级陈晓薇，曾经是匹兹堡大学生物化学博士、加州大学人类遗传博士后、CCTV-4的节目主持人，现任中华网总经理，2006年荣获中国经济女性年度杰出贡献人物称号；85级李逊，美国夏威夷大学电子工程硕士，网迅（WebEx Inc.）的创始人和副总裁，领导网迅在国内数个城市投资创业；87级李俊凌，斯坦福大学博士，曾任职麦肯锡（中国）公司咨询顾问和摩托罗拉公司，现任阿里巴巴公司副总裁、中国雅虎新媒体事业部总经理。

　　许多在海外工作的少年班毕业生，还利用各种机会回国讲学或短期工作。英国伯明翰大学计算机系首席教授姚新和美国耶鲁大学计算机系教授邵中，每年都会分别到中国科大和清华大学工作3个月。王海林（美国俄勒冈大学）、卢征天（美国芝加哥大学）、蒲晗（美国莱斯大学）等教授，与中国科大的同行保持密切联系，经常回国交流讲学。

5 相关统计数据

少年班毕业生毕业总体去向分析

　　29年来，少年班、零零班共毕业学生1793人。以下表格反映了少年班毕业生毕业时的去向和专业选择。

毕业去向表

毕业人数／毕业去向	国内读研	国外留学	工　作
1793	872	690	231
百分比	48.6%	38.5%	12.9%

专业分布表

专　业	基础科学	信息科学技术	工程、管理等
人　数	929	765	99
百分比	51.8%	42.7%	5.5%

　　上表中"基础科学"包括了数学、物理、化学、材料科学、生命

科学、地球和空间科学等专业学科。

毕业10年以上的少年班学生总体分析

1983年至1998年，中国科大少年班共毕业学生810人，其中包括从1985年开始招生的教改试点班（零零班）220人。下面两个表格显示了他们毕业时的基本状态，包括毕业去向和专业选择两部分。

毕业10年以上的少年班学生毕业去向分布

毕业人数／毕业去向	国内读研	国外留学	工 作
590	306	168	116
百分比	52%	29%	19%

毕业10年以上的零零班学生毕业去向分布

毕业人数／毕业去向	国内读研	国外留学	工 作
220	70	106	44
百分比	32%	48%	20%

毕业10年以上的少年班学生专业选择分布

专 业	基础科学	信息科学技术	工程、管理等
人 数	292	231	67
百分比	49.5%	39.1%	11.4%

毕业 10 年以上的零零班学生专业选择分布

专 业	基础科学	信息科学技术	工程、管理等
人 数	118	95	7
百分比	53.6%	43.4%	3%

除了毕业时继续深造外，少年班的许多同学毕业工作后还利用各种机会继续学习，追求更高的人生目标。我们了解到了 810 名毕业生中 761 人最终所获得的学位信息。

少年班最终学位分布表

人数／学位	博 士	硕 士	学 士
547	350	147	50
百分比	64%	26.9%	9.1%

零零班最终学位分布表

人数／学位	博 士	硕 士	学 士
214	124	60	30
百分比	58%	28%	14%

毕业 10 年以上的少年班毕业生中约有 656 人工作在国内外企业界。通过对他们当中的 65%（426 人）作问卷调查，我们了解到其中 348 人当前的工作状态信息，从中可以看出少年班绝大多数毕业生已经成为社会各界的中坚力量。下表按照他们的工作行业和工作性质进行分类统计。

职业选择分布表

行业	IT、制造等行业		金融、证券行业	行政、传媒等行业和自主创业
	技术研发	管理		
人数	176	61	72	39

近9年少年班毕业生毕业去向分析

对于近9年毕业的少年班、零零班983名学生,由于许多同学还在求学的道路上,我们仅对他们毕业时的去向和专业进行统计。

毕业去向表

毕业人数／毕业去向	国内读研	国外留学	工作
983	496	416	71
百分比	50.5%	42.3%	7.2%

专业分布表

专业	基础科学	信息科学技术	工程、管理等
人数	519	439	25
百分比	52.8%	44.6%	2.6%

Special Class
for the Gifted Young, USTC
From 1978 to 2008

86 | 少年班三十年

第六章　回顾与展望

中国科大少年班已经走过了30年的风雨历程，不管是早期社会对少年班的一片赞扬，还是后来有人质疑少年班拔苗助长，我们都以平常心对待。坚持不懈、脚踏实地，按照教育规律和人才成长规律不断探索，努力办好少年班，闯出中国式的杰出人才培养之路，是我们努力的目标。回顾30年的办学历程，总结经验教训，对我们继续办好少年班，有着十分重要的意义。

1　创办少年班的历史意义

超常教育（也称英才教育，或精英教育），是一种对天资优异、富有创造潜质的学生所进行的特殊教育。二次世界大战后，欧美等发达国家相继开展超常教育的研究和实践。中国科大少年班的创办，开创了中国超常教育的先河，是新中国教育的一大创新。少年班的创办在全国引起强烈反响，一期、二期少年班学生的事迹，激励了一代青少年，为粉碎"四人帮"后我国教育事业的拨乱反正、鼓励广大青少年学生努力学习科学技术、投身祖国建设事业，起到不可替代的作用。少年班的创办，引领中国教育界的超常教育实践，全国许多学校根据自身条件，开展了各种形式的超常教育探索。

1985年，中国科大在深入研究、总结和吸收少年班成功经验与不足的基础上，针对高考成绩优异的学生，仿照少年班模式开办了"教学改革试点班（零零班）"，把普通大学生中的优秀学生和少年班学生放在一起管理，按全新的育人模式和机制进行培养，使他们优势互补、相得益彰，使之成为一个和谐的整体。至此，少年班的培养模式和机制已基本确定，开辟了少年班办学模式探索的新阶段,保证了少年班沿着健康轨道发展。创办零零班,是中国大学在改革开放之后最先开始的全新科技英才培养模式的探索,其办学理念和办学模式,至今还在影响中国高等教育界。

2 少年班教育模式的现实意义

从创办伊始,中国科大就从少年班的招生、教育、管理三个方面进行深入系统的探索,迄今已形成较为完善的体系,为我国高等教育的进一步改革与发展积累了丰富的经验。

自主招生的探索

在招生模式上,实施自主招生、初试与复试相结合、科学选拔和尊重个性的科学公正的招生模式。这是少年班30年来不断探索和改进完善的结果,也是新中国成立后我国大学自主招生最早的、系统的探索,为后来我国大学自主招生积累了经验。近年来,国内高校所实行的自主招生办法,自少年班创办起一直在实行,而且更为彻底。少年班考生通过参加高考获得复试资格,通过复试全面考察学生的综合能力,择优录取。在复试中还实行由中国科大教师主讲某部分教学内容,随后检验学生的接受能力、逻辑思维能力、提出问题能力等形式,这种录取方式在全国属首创。这一选才模式不仅保证了招生的科学有效和程序公正,也实现了结果公平。

首创通识培养模式

在培养模式上,因材施教、宽口径通识教育是少年班育人机制的核心;教学和科研结合是少年班培养的基本途径;实施创新教育,培养学生的创新精神和创业能力、创新人格，培养创新型人才，是少年班人才培养的关键。

少年班实施的宽口径通才教育培养模式，将学生本科阶段分为基础学习和专业学习两个阶段。学生入学后先不分专业，用一到两年时间打好基础，待学生对学科和专业有所了解，再根据自己的志趣和优势，在全校范围内自主选择学科和专业。这种将通识教育与因材施教紧密结合、专业教育与全面素质教育协调发展的培养模式是全国首创，对培养早慧少年的创新精神和创造能力起到重要的作用。

首倡个性化教育

少年班最早实施"学导制"，聘请院士、资深教授、杰出青年学者以及担任少年班基础和专业教学的教师，担任少年班学生的指导教师，即"学导"。"学导"根据少年班学生的普遍特点和个性，指导他们进行个性化的专业选择和选课、学习计划的制定，指导其学习，帮助他们掌握学科发展的最新动态以及选择合适的科研课题。每个"学导"负责指导3-8名学生，对学生的成人成才给予全面指导。这样的方法，突破了学制和课程教育的一般性规定，使得少年班学生比普通大学生更有可能按照个人的学业进展和专业兴趣来开展学习和研究，有利于他们更好更快地成长成才。这种个性化教育的理念，在当今高等教育改革与发展中，越来越受到重视。

最早实施创新教育

少年班注重实施创新教育，把培养学生的创新精神、创新能力、创新人格贯穿于本科教育培养的全过程。中国科大一贯注重创新，少年班作为科大的有机组成部分，又是科大教育改革和探索的试验区，更是秉承了"我创新，故我在"的理念。和所有科大人一样，少年班学生有着强烈的精英意识，永远追求卓越、不甘落后、拒绝平庸。学校最早在少年班实施创新教育，推行自主研究性学习，激发学生探求未知的积极性和主动性，培养学生善于把握方向和主动获取知识的动力和能力；拓展基础课程和其他教学形式的广度、深度、前沿性与吸引力，激励学生提高学习效率；推行研究性学习，教学和研究实践相结合；实行国际化学习，接触国际科技动态、教育交流和多元文化，开拓国际视野；实施"大学生研究计划"，让本科生在本科阶段就安排部分时间进行科研实战训练，在实践中领悟和增强创新意识、创新精神，增强科学探索的强烈兴趣。

3 探索科技精英培养模式

培养具有自主创新能力的高素质人才是我国高等教育的战略任务和责任，少年班则是探索创新性人才培养模式的重要实践成果。

少年班的办学历程是探索构建我国英才教育体系的过程。少年班办学中形成的经验，包括办学理念、培养目标、育人机制和培养模式等，首先在中国科大内部各院系陆续推广，在更大范围深化了本科教育的改革；同时在与兄弟院校的横向交流中相互借鉴，促进了高等教育人才培养模式的改革。

此外，少年班办学还促进了中学教育和大学教育的衔接，促进了中国超常教育体系的建立。苏州中学、北京景山学校等先后试办少年班预备班，国内还建立了超常教育研究会，包括北京人大附中、北京八中、沈阳育才中学等学校，以及中国科学院心理研究所、人事部人才研究会等研究机构共同参与研究和试点工作，在中学积极发现、精心培养和激励学生，改革教学模式与方法。这为少年班和类似试验班的兄弟院校输送优质生源提供了条件，也对形成具有中国特色的英才教育体系进行了有益的实践与探索，对包括中小学在内的整个中国教育的改革和质量的提高做出了贡献。迄今为止，一个科学公正选才、精心教育培养、高进优教的运行模式正在形成。

近年来，我国高等教育正在朝着大众化方向迅猛发展，从构建和谐社会和教育公平角度，高教大众化无疑顺应了国家社会发展的需要和潮流。与此同时，面对21世纪全球背景下的国际竞争和创新型社会的建设，还必须在我国高教体系中办好一批高水平大学，思考和设计具有中国特色英才教育体系的框架，培养一批具有自主创新能力、国际竞争能力的拔尖人才，这是我国自主创新能力的人才基础。大众化教育和英才教育是国家高教发展的两个轮子，是相辅相成、并行不悖的。没有广泛的大众化高等教育，民族的整体素质难以提高；而没有高质量的英才教育，国家的管理和科技发展也会后继乏人。在发展大众化高等教育的大背景下，英才教育显得尤为重要。

世界各国在其发展历程中都非常重视英才教育，重视构建本国的英才教育体系。英才的培养固然不完全是教育的结果，但教育特别是大学教育对英才的培养具有极其重要的意义。我们的精英或英才只有立足于自己培养，才能使他们服务于传承五千年的中华文明，服务于民族振兴和国家富强的伟业。我国高等教育肩负着培养英才的战略任务和使命，应该建立和完善一整套选拔、培养机制。而在这方面，少年班30年探索所形成的经验值得借鉴。

4　少年班需要宽容的环境

作为一种探索，少年班在办学历程中不可避免也存在着某些不足甚至失误，这些都是需要不断改进的。比如，在少年班创办初期，媒体出于唤起社会尊重知识、尊重人才、重视教育的需求，对少年班部分学生指名道姓地进行采访、报道，使其成为出镜频繁的"社会公众人物"，甚至连一言一行都公之于世，并给他们戴上"神童"、"天才"的高帽，俨然将国人的科技梦想都寄托在他们的身上。这些过分的宣传给少年班部分学生的成长造成了严重的心理压力，以至于对他们后来的人生之路产生了消极影响。有鉴于此，学校在吸取教训的基础上，从上世纪90年代起，决定婉拒媒体采访少年班在读学生，使在读少年大学生远离媒体报道，保证他们拥有一个健康、宁静的学习与成长环境。

另外，在少年班30年实践中，也不可避免地出现过因自控能力差、贪玩而使学业难以为继，或有品行不端行为和心理问题等原因，被劝退学或转至适合其专业班级的现象。这一现象并非少年班所独有，普通大学班级中也同样存在，甚至更为严重，不能因为少年班中出现了类似情况，就予以苛责。

对少年班学生毕业后职业分布情况，也需要予以理性认识。当初，少年班初创时，承载了公众太多的希冀、凝聚了国人太多的期盼，因此社会大众对少年班毕业生的未来发展寄予了单一的厚望，认为只有从事科学研究成为顶尖的学术大师才是少年班办学的唯一目的。这样的认识无疑具有某种时代的局限性。应当看到，改革开放以来，随着社会价值取向和生活方式的多样性发展，少年大学生的志向也呈多样化趋势。同时，社会各领域都需要高素质创新型人才，因此，少年班毕业生既应该在科学探索前沿攀登高峰，也应该允许他们在经济发展、社会进步、国家安全等其他领域大展宏图。换句话说，少年班毕业生既可以成长为专家、教授，也可以成为具有较强科技背景的创新型企业乃至金融、经济、大众传媒等领域的杰出人才。

总之，社会需要有宽容度，中国也应该允许少数人做与众不同的事情，需要教育和文化上的多样性发展，这是国家和民族利益的需要，也是符合教育、科技发展内在规律的。少年班是中国高等教育多样性中不可或缺的一环，少年班的探索历程，少年班探索中所出现的不足或失误，都需要社会予以足够的宽容，这也是一个民族和社会创新精神所必需的环境。

5 少年班未来展望

30年来,少年班一直以国家需求为办学的第一目标。当初本着早出人才、快出人才的原则创办少年班,就是为了满足国家对人才的迫切需求。随着经济实力的增强,国家对科技创新的要求越来越高。党中央、国务院做出建设创新型国家的决策,要求把增强自主创新能力作为发展科学技术的战略基点,走出中国特色自主创新道路,推动科学技术的跨越式发展,这对培养高水平创新人才提出了更高的要求。另一方面,当前科学技术发展的跨学科性日益明显,学科之间的边界变得更加模糊,重大科学与技术问题的突破也越来越依赖于多学科的交叉与合作。因此,如何为国家培养基础扎实同时具备多学科交叉知识背景、适应能力强的跨学科创新人才,成为少年班面向未来的重要任务与挑战。

当前,中国科大把"培养多学科交叉的高素质创新人才"作为少年班新的办学目标。这不仅符合当今科学技术的发展潮流,更重要的是为了适应国家战略需求,为国家培养未来20年里急需的交叉学科的领军人物,使其在相关的科学技术以及经济等领域进行原始创新,为建设创新型国家贡献力量。

为实现这一办学目标,中国科大决定整合全校资源,充分利用学校在交叉学科领域的科学研究优势,提出少年班与合肥微尺度物质科学国家实验室等国家级研究机构合作办学、共同探索交叉学科高端人才培养新模式的办学方针。这一办学目标和办学方针的确定,为少年班的进一步发展奠定了坚实的基础。

"因材施教"一直是少年班培养教育学生的基本理念。但随着时代的进步,如何进一步适应少年班学生智力、学习能力的需要,调整现有的培养模式,真正做到因材施教,是少年班进一步发展所需要解决的问题。

为此,中国科大在总结少年班成功经验的基础上,结合培养交叉学科创新人才的新目标，提出进一步贯彻"因材施教"、"教学相长"、"基础与创新并重"的办学理念，做到"一流教授和优秀学生共同成长"，并提出以下少年班办学新思路：

1. 坚持多学科交叉的教育理念和模式，进一步实施以宽基础、重交叉、研究型、个性化为特征的创新型人才的培养实验。

2. 坚持理论与实践相结合的原则，进一步研究如何通过行之有效的课外科技活动全面挖掘学生的潜力，探讨全面培养学生素质的各种途径。

3. 研究与认识规律相适应的课程教学方式，探索符合少年班学生特点的课程教育和评价体系。

总之，少年班下一步的发展方向，就是以为国家培养基础雄厚、具备多学科交叉知识背景、适应能力强的跨学科创新人才为目标，在少年班原有成功模式的基础上，探索交叉学科人才培养的途径和交叉学科人才成长的规律。一方面，通过对教育思想、教育方法的调整与改革，构建新的重基础、重交叉的知识传授体系。贯穿整个大学4年的、与课程学习相融合的科技创新活动实践体系，在注重数理基础的同时，加强其他学科基本素质的训练，强调学习实践相结合的培养形式，走一条"学习、实践、再学习、再实践"的成长之路；另一方面，通过多方位和全面的学业指导教师与学业班主任制度建设，让少年班学生与一流的教授级科学家密切联系，激发他们对科学研究的兴趣，培养他们的创新、创造能力。在今后几十年里，少年班将再创英才教育的新篇章。

辉煌历程

01 方毅（时任国务院副总理）、严济慈（时任全国人大副委员长、中国科大校长）与少年班学生合影

02 方毅（左，时任国务院副总理）、严济慈（右，时任全国人大常委会副委员长、中国科大校长）、杨海波（中，时任中国科大党委书记）与少年班学生

03 万里（右六，时任安徽省委书记）与少年班学生

04 李鹏（前排右四，时任国务院总理）、卢荣景（前排右三，时任安徽省委书记）与少年班师生代表

05 诺贝尔物理学奖获得者李政道教授（右四）与少年班师生座谈后合影

04

05

06 诺贝尔物理学奖获得者杨振宁教授与少年班学生座谈

07 诺贝尔物理学奖获得者丁肇中教授与少年班师生交谈

08 严济慈院士（时任全国人大常委会副委员长、中国科大校长）、吴文俊院士、马大猷院士（时任中国科学院数理学部副主任）、钱临照院士（时任中国科大副校长）与少年班学生在一起

09 严济慈院士（时任全国人大常委会副委员长、中国科大校长）、郁文（时任中国科大党委书记）、钱临照院士（时任中国科大副校长）、杨承宗教授（时任中国科大副校长）、马西林（时任中国科大党委副书记）与少年班学生合影

10

11

10 严济慈院士(时任全国人大常委会副委员长、中国科大校长)与少年班学生在一起

11 李昌(左五,时任中国科学院副院长)与少年班学生座谈

12 周光召院士(时任中国科学院院长)为少年班学生题词

13 叶笃正院士(时任中国科学院副院长,2005年国家最高科学技术奖获得者)与少年班学生座谈

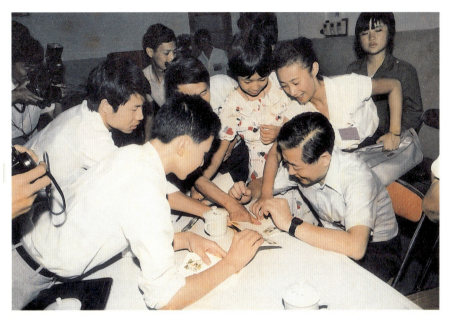

12

13

14 严东生院士（时任中国科学院副院长）看望少年班学生
15 首届国家最高科学技术奖获得者吴文俊院士与少年班学生交谈
16 中国科学院软件研究所唐稚松院士指导少年班学生论文
17 美国约翰·霍普金斯大学英才教育研究专家 J.C.Stanley 教授来少年班讲学

18 著名企业家、世界"船王"包玉刚与少年班学生合影
19 杨海波(时任中国科大党委书记)与少年班学生交谈
20 武汝扬(时任中国科大党委书记)为少年班学生佩带校徽

21

22

21 杨海波（时任中国科大党委书记）、任之恭（时任中国科大教务长）与少年班学生

22 钱临照院士（时任中国科大副校长）为少年班学生授课

23 杨承宗教授（时任中国科大副校长）与少年班学生交谈如何掌握学习方法

24 国家级教学名师、中国科学院院士，中国科大陈国良教授报告会后与少年班学生合影

| 112 | 少年班三十年

25

26

25 中国科大党委书记郭传杰教授、常务副校长侯建国院士与少年班教师座谈

26 中国科大校长朱清时院士在第三世界科学院院士大会上作关于少年班教育的报告

27 中国科大常务副书记、副校长许武教授（左一）看望少年班招生阅卷老师

28 中国科大常务副校长侯建国院士为少年班学生作专场报告

29

30

29 中国科大副校长李国栋出席少年班学导组成立大会

30 中国科大常务副校长侯建国院士（主席台中）、党委副书记鹿明（主席台左一）在少年班校友助学金首次颁发仪式上

31 中国科大党委书记郭传杰教授（左二）、副校长窦贤康教授（右一）在少年班调研

32 中国科大党委书记郭传杰教授、常务副校长侯建国院士主持《少年班三十年》编委会

31

32

33 辛厚文教授（时任中国科大副校长）在中国首届超常教育学术研讨会上作主题报告

34 尹鸿钧教授（时任中国科大副校长）为少年班学生讲授物理学导论

35 史济怀教授（时任中国科大副校长）为少年班学生讲授数学分析

36 程艺教授（时任中国科大副校长，现任安徽省教育厅厅长）在少年班学生成人仪式上讲话

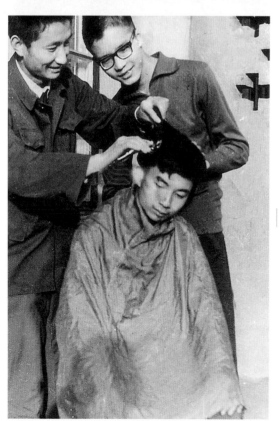

37 少年班首届班主任汪惠迪与同学在一起
38 老师今天当理发师
39 中国科学技术大学教改试点班（零零班）成立大会

40 20世纪80年代少年班老师的"全家福"
41 中国科学技术大学少年班北京景山学校预备班和苏州中学预备班工作研讨会
42 中国科学技术大学超常教育研究室成立大会

43 "大学少年班超常教育"成果鉴定会评审专家合影
44 少年班超常教育基金会成立留影
45 少年班首届"华为奖学金、奖教金"授奖大会
46 少年班工作会议

45

46

47 少年班教学工作研讨会

48 少年班招生工作会

49 少年班班主任工作座谈会

47

48

49

少年风华

01 专心听课
02 实验室里的乐趣

少年风华　　127

02

03 同窗切磋
04 同窗切磋
05 愉快交流

少年风华　129

06 英语智力竞赛
07 英语演讲比赛
08 学生学术报告会

少 年 风 华

07

08

09 激情创意、智慧起舞——机器人比赛
10 在学生科技竞赛中独领风骚

10

11 主持诗歌爱好者大会
12 一曲欢歌

少 年 风 华   135

12

13

14

13 即兴小曲
14 少年班创办 20 周年庆祝活动（1998 年 9 月 18–21 日）
15 欢快的大合唱

16

17

16 校辩论赛再夺冠
17 去痛痛快快踢一场
18 一跃夺冠

少年风华 **139**

19 双方合力的较量
20 雏鹰杯冠军照
21 与金寨一中"手拉手"活动

22 与北京四中进行远程对话
23 在人民大会堂参加世界物理年纪念大会，会后合影
24 与南京大学匡亚明学院学生互访

24

25-1

25-2

25-3

25 少年班上的几对兄妹、姐弟和兄弟的照片，依次为梁胜（83级）和梁红（87级）、李宁辉（88级）和李佳玉（89级）、施颖（89级）和施毅（89级）、蒋莹莹（89级）和蒋承东（91级）、陈云霁（97级）和陈天石（01级），还有另外好几对

25-4

25-5

146 | 少年班三十年

26

27

26 让我们荡起双桨
27 自己动手
28 篝火之夜

少 年 风 华　　147

29 山顶小憩
30 不怕远征难

少 年 风 华

150 | 少年班三十年

31

32

31 学雷锋活动
32 参观瑶岗渡江战役指挥部
33 参观周恩来纪念馆

少 年 风 华　　151

33

34

34 军训会操
35 入党宣誓
36 "远望号"见证成人仪式

少年风华　153

35

36

37 在南京大屠杀纪念馆举行成人仪式
38 在金寨县革命老区举行成人仪式
39 97级毕业班给少年班赠送纪念品
40 七月的收获（02届毕业生）

41 七月的收获（07届毕业生）

校友风采

01

02

03

01 姚新（77级），英国伯明翰大学计算机系首席教授，IEEE Fellow，中国科大"大师讲席"教授

02 王海林（78级），Oregon大学物理系教授，美国物理学会Fellow

03 谢旻（78级），新加坡国立大学工业与系统工程系教授，IEEE Fellow，新加坡工程院Fellow

04 张亚勤（78级），IEEE Fellow，微软公司全球资深副总裁，微软中国董事长

05 郭元林（78级），紫光集团总裁

04

05

06

07

08

06 陈永聪（78级），曾是中国科大最年轻的副教授（26岁）、教授（30岁）

07 79级部分校友聚会合影。其中张家杰（右一）是美国Texas大学讲席教授，世界首位认知学博士，美国医疗信息科学院Fellow

08 钟扬（79级），32岁破格晋升为中国科学院武汉植物研究所研究员，现为复旦大学生命科学学院常务副院长

09 郝权（79级），美国MacCHESS实验室主任、首席科学家

10 伍晓东（右，79级）及其家人。伍晓东现为北京诺方信息技术有限责任公司总经理

11 袁睿翕（80级），清华大学"百人计划"入选者、自动化系教授

12 骆利群（81级），斯坦福大学生命科学学院教授，曾获Sloan奖等大奖，并于2005年当选美国HHMI研究员（Howard Hughes Medical Institute，HHMI Investigator）

13 王力军（81级），德国马普学会光学信息及光子学研究所所长，埃朗根－纽伦堡大学C4教授，马普学会会员，美国光学学会Fellow

14 卢征天（82级），美国阿贡国家实验室科学家，芝加哥大学物理系和费米研究所教授，美国物理学会Fellow，曾获青年科学家总统奖，能源部青年科学家与工程师奖

15 涂予海（83级），IBM Watson研究中心研究员，美国物理学会Fellow

16 劲中（83级），美国耶鲁大学计算机系教授，中华青年联合会常委

17 网大三剑客（84级）回校作学术报告。从左到右依次为黄沁（董事长）、蒋继宁（总经理）、刘民（董事）

18 少年班走出的兄妹博士：蔡天武（85级），现高盛公司副总裁；蔡天西（91级），哈佛大学终身教授

19 庄小威（右，87级），曾在诺贝尔物理学奖获得者朱棣文教授（左）指导下做博士后，现为哈佛大学教授。近年连获美国麦克阿瑟基金会"天才奖"、Sloan研究奖等多项大奖，并当选美国HHMI研究员

20 庄小威参观侯建国院士实验室

21 张福新（95 级），江苏梦龙产业化基地研发中心主任，中科龙梦科技有限公司（中国科学院龙芯产业化基地）总经理，中国科学院计算机技术研究所副研究员。他是 2006 年度"江苏省十大杰出青年"、第九届"中国科学院十大杰出青年"

22 刘磊（95 级），清华大学化学系教授，中国科大兼职教授、博士生导师。目前发表 SCI 论文 100 多篇，被他人引用 1200 余次

23 李巨（90 级），美国宾西法尼亚大学材料科学与工程系副教授，2005—2007 年三年间分别获得美国青年科学家总统奖（PECASE），美国材料学会（MRS）年度青年科学家奖，以及世界创新基金会会士称号

24 部分在美国的少年班校友和他们的家人

25 师生情深

26 78级少年班学生 2005年回母校聚会